활기찬
노년생활

| The Active Life of the Aged |

활기찬

| The Active Life of the Aged |

노년생활

활기찬 인생을 위한   노년생활 백과사전

이용교 지음

학지사

머리말

대한민국의 노인은 2020년 현재 813만 명으로, 전체 인구의 15.7%를 차지하는 '고령 사회'입니다. 이는 0~14세 인구보다 100만 명 이상 더 많은 수치입니다. 출산율의 감소와 평균수명의 증가로 노인 인구는 매년 늘고 있습니다. 현재 연령대별 인구는 50대가 가장 많고, 그다음은 40대, 30대, 20대, 60대 순입니다. 베이비붐 세대가 노인이 되면 노인 인구가 전체의 20%를 넘어 '초고령 사회'가 될 것입니다.

이러한 사회적 상황에도 불구하고 노년 생활을 어떻게 잘 보낼지에 대한 '사용 설명서'가 없습니다. 노인 인구의 다수는 어린 시절에 농촌에서 농민의 자녀로 성장하다 도시로 이주하여 임금노동자로 산 경우입니다. 하지만 현재 노인은 그들의 부모 세대와는 다른 삶을 살아야 합니다.

농업은 토지가 생산수단이고 나이가 들어도 어느 정도 일할 수 있습니다. 토지가 있다면 농사를 짓지 않더라도 노후가 걱정되지 않습니다. 그런데 임금노동자는 다른 사람이 '노동력'을 사 주지 않으면 근로소득이 단절됩니다. 소득이 단절되거나 줄어도 생활비는 줄지 않기에 적자를 면하기 어렵습니다.

대한민국 「헌법」 제34조 제1항에서는 "모든 국민은 인간다운 생활을 할 권리를 가진다."라고 규정합니다. 제2항에서는 "국가는 사회보장·사회복지의 증진에 노력할 의무를 진다."라고 하였습니다. 제4항에서는 "국가는 노인과 청소년의 복지향상을 위한 정책을 실시할 의무를 진다."라고 하여 노인복지에 대한 국가의 의무를 강조하였습니다.

그런데 현실은 그리 녹록지 않습니다. 한국의 노인 빈곤율은 경제협력개발기구(OECD) 회원국 중 가장 높고, 노인 자살률도 가장 높습니다. 현재 우리는 1인당 국민소득이 3만 달러가 넘는 시대에 살고 있지만, 노인의 경우 가난과 질병 그리고 외로움 속에 목숨을 버리기도 합니다. 사회복지를 통해 노인의 삶의 질을 높여야 할 당위가 여기에 있습니다.

머리말

필자는 사회복지학을 40년간 공부하며 50여 권의 책을 집필하였으며, 이제 가까운 미래에 노인이 될 필자는 『활기찬 노년생활』을 집필하기로 하였습니다. 부모와 선배의 경험을 보면서 필자의 노후도 준비하고자 함입니다.

우리나라 노인복지는 경제적으로 어렵거나 사회적 돌봄이 필요한 일부 노인뿐만 아니라 전체 노인에까지 혜택의 범위가 확대되었습니다. 이에 필자는 국민기초생활보장제도를 비롯한 공공부조에서 기초연금 등 사회수당과 국민연금, 건강보험, 노인장기요양보험 등 사회보험을 체계적으로 활용하는 방안을 제시하였습니다. 가난한 노인을 위한 복지부터 시간 부자인 노인이 지역사회에 기여하는 방안까지 기술하였습니다.

『활기찬 노년생활』은 노년생활에 중요한 요소인 소득, 건강, 노동, 주거, 학습, 여가, 인간관계, 죽음에 관해 다룹니다. 영역별로 중요한 소재를 세부적으로 기술하였습니다. 노인은 연령에 따라 상당히 다른 생활을 하고, 같은 연령대이더라도 성별, 지역, 소득계층, 건강 수준별로 다양한 삶을 누리기에 최대한 여러 가지 측면을 다루고자 하였습니다.

『활기찬 노년생활』은 노인의 욕구를 충족시키고, 문제를 해결하는 데 도움이 될 것입니다. 모든 사람은 나이가 들수록 건강이 나빠지고, 소득과 자산이 줄며, 다른 사람의 돌봄을 받게 될 가능성이 높습니다. 어떤 상황에서도 모든 노인이 '인간다운 생활을 할 권리'를 누릴 수 있도록 이 책을 집필하였습니다.

이 책이 노인은 물론, 노인을 봉양하는 가족, 노인복지를 실천하는 사회복지사 등 다양한 직업인, 지역사회보장협의체 위원 등 민간 복지활동가에게도 큰 도움이 되길 기대합니다.

2020년 6월

이용교

차례

3 일할 권리가 있다

4 쾌적한 집에서 살 권리가 있다

5 학습할 권리가 있다

차례

활기찬 노년생활

1.

소득을 가질
권리가 있다

1

소득을 가질 권리가 있다

모든 노인은 소득을 가질 권리가 있다. 사람은 자신에게 필요한 소득을 근로소득, 사업소득, 재산소득, 이전소득 등으로 확보한다. 젊어서는 열심히 일해 근로소득이나 사업소득을 얻고, 토지나 건물을 임대하거나 저축을 통해 재산소득을 확보한다. 국민연금, 기초연금 등 공적 이전소득이나, 가족과 친지로부터 사적 이전소득을 취하기도 한다.

노인은 나이가 들수록 근로소득과 사업소득은 줄고 이전소득에 의존해서 사는 경우가 늘어난다. 선진국은 노령연금 등 공적 이전소득이 많지만, 한국은 1988년에 국민연금이 도입되어 공적 이전소득이 적은 편이다. 노인 중 저소득층은 국민기초생활보장제도의 생계급여를 받고, 그보다 높은 사람은 기초연금에 의지하며, 젊은 시절에 국민연금 등에 가입한 사람은 노령연금 등을 받아 생활한다.

생계급여나 기초연금을 받기 위해서는 '가구 소득인정액'이 매우 중요하다. 가구 소득인정액이 기준 중위소득의 30% 이하이고, 부양의무자가 없거나, 있더라도 부양능력이 낮으면 생계급여를 받을 수 있다. 노인 중 소득 하위 70%에 해당되는 사람은 읍·면·동 행정복지센터에 신청하면 기초연금을 받을 수 있다. 기초연금은 신청한 사람 중에서 조건에 맞으면 받을 수 있으므로 신청하는 것이 중요하다.

노인이 될수록 근로·사업소득은 줄고, 병이 들 가능성이 높기에 지출을 합리적으로 줄여야 한다. 소득을 늘리기 어렵다면 지출을 줄여 규모 있게 살아야 한다. 자산이 있는 사람은 투자로 재산소득을 늘리고, 빚이 있으면 싼 이자로 갈아타서 이자 부담을 줄이는 방안을 찾아야 한다.

소득은 삶의 질에 영향을 줄 뿐만 아니라, 건강, 주거, 교육, 여가 등 다양한 삶의 요소에 영향을 준다. 소득을 늘리고 지출을 줄이는 것은 노년생활에서 가장 기본적인 삶의 지혜이다.

나와 배우자의 연금은 얼마인가

  노년생활을 할 때 중요한 것은 나와 배우자의 연금 액수이다. 공무원연금, 군인연금, 사립학교 교직원연금을 타는 사람은 연금만으로 필요한 소득을 얻을 수 있다. 국민연금에 가입한 노인은 대체로 가입기간이 짧아서 노령연금만으로 노후 생활을 하기에 충분하지 못하다.

  국민연금은 하루라도 빨리 가입하고, 하루라도 길게 가입하며, 한 푼이라도 많이 넣은 사람이 더 많은 연금을 받을 수 있다. 대체로 만 60세(임의계속가입자는 65세) 전에 납입이 끝나기에 젊은 시절에 넣은 연금보험에 의해 노령연금의 액수가 결정된다.

  18세 이상 60세 미만 대한민국 국민은 누구든지 국민연금에 가입할 수 있다. 직장인은 기본으로 가입하고 다른 사람은 임의로 가입할 수 있다. 국민연금은 10년 이상 가입하면 노령연금을 탈 수 있다. 10년에 미치지 못하면 그간 낸 보험료에다 3년 정기예금 이자를 붙여 반환일시금으로 돌려받을 수 있다. 따라서 노령연금을 많이 타려면 가입기간을 최대한 늘려야 한다. 60세가 될 때 10년을 채울 수 없으면 '임의계속 가입'을 신청하기 바란다.

임의계속가입은 본인이 선택하는 사항이므로 국민연금공단에 60세가 되기 직전에 계속 보험료를 내고 싶다는 의사를 표명해야 한다. 의사를 표하지 않으면 국민연금공단은 고지서를 청구하지 않고 반환일시금으로 줄 뿐이다.

국민연금 가입자는 60세까지 보험료를 최소 120개월 이상을 내야 평생 연금을 받을 수 있다. 연금수령액은 얼마나 오랫동안 많은 보험료를 냈느냐에 따라 정해진다. 이때 중요한 것이 10년 이상을 넣는 것이다. 반환일시금 반납, 추후납부 등으로 가입기간을 늘리고, 부족하면 '임의계속가입'을 하기 바란다.

노령연금

국민연금에 20년 이상 가입하고 퇴직하여 살아 있으면 60세부터 '완전노령연금'을 탈 수 있었다. 노령연금을 타는 연령은 4년에 한 살씩 늦어져, 1953~1956년생은 61세, 1957~1960년생은 62세, 1961~1964년생은 63세, 1965~1968년생은 64세,

1969년 이후에 태어난 사람은 65세부터 탈 수 있다. 가입기간이 10년 이상이고 20년에 미치지 못하면 감액노령연금을 타고, 55세 이상이고 소득이 없으면 조기노령연금을 탈 수 있었다(노령연금의 수급연령이 늦어지면, 조기노령연금을 타는 연령도 한 살씩 늦추어진다). 국민연금은 하루라도 빨리 가입하고 하루라도 길게 가입하여 한 푼이라도 많이 내면 더 많이 탈 수 있다.

유족급여

유족급여는 국민연금을 수령하는 사람이나 현재 가입 중인 사람이 사망할 때 받을 수 있다. 유족은 수급조건에 따라 반환일시금, 사망일시금, 유족연금의 형태로 받을 수 있다. 배우자의 사망으로 인한 유족연금을 더 많이 받는 방법도 있다.

유족연금은 가입기간과 기본연금액 그리고 부양가족수에 의해 결정된다. 가입기간이 10년 미만이면 기본연금액의 40%+부양가족연금액, 가입기간이 10년 이상~20년 미만이면 기본연금액의 50%+부양가족연금액, 20년 이상이면 기

본연금액의 60%+부양가족연금액이다.

유족급여의 수급자는 생계를 같이해야 하고 연령 제한이 있다. 자녀는 25세(2016년 11월 30일 전에는 19세) 미만, 손자녀는 19세 미만이거나 장애등급 2급 이상이고, 부모나 조부모는 60세 이상이거나 장애등급 2급 이상이어야 한다. 유족의 순위는 배우자, 자녀, 부모, 손자녀, 조부모이고, 가장 상위에 있는 사람이 받는다. 같은 등급의 수급자가 여러 명이면 똑같이 나누어서 받는다.

황혼 이혼한 경우 배우자였던 자가 사망 시 상대 배우자는 유족급여를 받을 수 없지만, 양육을 받는 자녀 혹은 손자녀는 유족급여를 받을 수 있다. 자격이 있는 사람은 국민연금공단에 유족급여를 신청하면 된다.

유족연금은 유족의 지위를 유지할 때만 받을 수 있다. 배우자의 사망으로 유족연금을 받는 사람이 재혼하면 유족의 지위를 상실하기에 유족연금을 받을 수 없다. 유족연금을 받았던 사람도 자녀는 25세, 손자녀는 19세를 넘으면 더 이상 받을 수 없다.

부부가 한 사람은 국민연금에 가입하고 그 배우자가 공무원연금에 가입했다면, 두 사람은 각각 노령연금을 탈 수 있

다. 만약 배우자가 사망하면 자신의 노령연금과 상대의 유족연금을 각각 탈 수 있다. 부부가 모두 국민연금에 가입하면 살아 있을 때는 각각 노령연금을 탈 수 있다. 그중 한 사람이 사망하면 자신의 노령연금과 상대의 유족연금 중에서 선택할 수 있다. 이때 포기하는 것이 유족연금이라면 유족연금의 30%와 노령연금을 함께 받고, 유족연금을 선택하면 자신의 노령연금을 받을 수 없다. 각종 연금의 수급조건과 액수는 매우 중요한 사안이므로 미리 공부해 두면 좋다.

분할연금

이혼한 배우자가 국민연금의 노령연금을 수급한다면 상대 배우자는 분할연금을 신청할 수 있다. 국민연금의 분할연금 수급권은 이혼한 배우자가 노령연금을 수급하고, 당사자도 노령연금을 받을 연령이 될 때(2020년에 62세) 국민연금공단에 분할연금을 신청하면 통장으로 받을 수 있다.

분할연금의 액수는 전체 가입기간 중 결혼생활을 함께한 기간분의 절반이다. 어떤 사람이 20년간 국민연금에 가입하여 노령연금으로 100만 원을 타고, 이혼한 배우자는 결혼생활 중에 낸 기간이 10년이라면 50만 원의 절반인 25만 원을 분할연금으로 청구할 수 있다. 분할연금은 부부로 함께 산 기간 중 국민연금에 가입한 기간이 길수록 더 많다.

분할연금을 청구하려면 이혼한 배우자가 노령연금 수급자이고, 본인도 노령연금을 탈 수 있는 나이가 되어야 한다. 이혼한 배우자가 노령연금을 타지 못하면 분할연금을 청구할 수 없다. 분할연금을 탄 이후에는 전 배우자가 사망해도 분할연금을 계속 받을 수 있다.

분할연금은 이혼한 배우자가 각자 상대에게 청구할 수 있다. 만약 이혼 전 남편과 아내가 각각 국민연금에 가입했다면 서로 분할연금을 청구할 수 있다. 한 사람만 국민연금에 가입하고 다른 사람은 가입하지 않았다면 가입하지 않는 사람만 분할연금을 청구할 수 있다. 2016년 이후에 이혼한 사람은 공무원연금, 사립학교 교직원연금, 별정우체국연금에서도 분할연금을 청구할 수 있지만, 군인연금에는 분할연금이 없다. 2018년 9월 기준 분할연금 수급자는 2만 7,853명이고 그 중 여성이 88.3%이다. 분할연금의 신청 자격은 과거 3년에서 2016년 11월 30일부터 5년으로 연장되었다. 분할연금을 청구할 자격을 가진 후, 5년 안에 청구하지 않으면 요구할 의사가 없는 것으로 간주하여 수급권은 소멸된다.

가구 소득인정액은 얼마인가

가구(가구원, 별도가구)

2015년 7월부터 국민기초생활보장제도가 크게 바뀌었다. 기초생활보장제도는 '가구 단위'로 급여를 제공하되, 필요하다고 인정된 경우에 '개인 단위'로 줄 수 있다. 가구는 수급자 선정, 급여액 결정, 급여 지급의 기본단위이다. 소득평가액을 산정하거나 재산의 소득환산액을 계산할 때 가구를 단위로 한다. 즉, 소득평가액과 재산의 소득환산액에 부양비 등을 합산하여 중위소득의 특정 비율 이하인 경우에 해당 급여를 받을 수 있다.

소득인정액은 가구 단위로 계산된다. 가구에 속하는 사람은 주민등록표상에 기재되고 실제로 생계와 주거를 같이하는 가족이다. 부부와 미혼의 자녀로 구성되는 가구는 계산하기 쉽지만, 친족이나 외척 등 동거인이 있는 경우에는 '가구'에 포함될 수도 있고 그렇지 않을 수도 있다.

30세 미만의 미혼자녀는 학교를 다녀 따로 사는 경우에도 한 가구원으로 본다. 다만, 별도로 거주하는 30세 미만 취업 자녀는 '가구원'이 아니라 '부양의무자'로 본다. 만약 한부모 가족에서 자녀가 직업을 가지면 소득이 높아져서 수급자에서 탈락되기 쉬운데, 자녀가 따로 살면 한 가구로 보지 않아서 수급자로 남을 수도 있다. 군대에 입대하면 가구원으로 계산되지 않지만 사회복무요원은 한 가구원으로 본다.

행방불명이나 가출한 자는 경찰에 '가출인 신고'를 하고 한 달 이상이 되면 가구원에서 제외된다. 행방불명이 되더라도 가출인으로 신고하지 않으면 가구원으로 간주되고, 경제활동능력을 가진 연령이면 소득행위를 할 것으로 본다. 법적으로 이혼하지 않으면 한 가구로 보는데, 별거하여 생계를 달리한 경우에는 읍·면·동 행정복지센터 복지공무원과 상담 후 제외시킬 수도 있다.

주민등록상 한 가구이고 함께 살더라도 '별도가구'로 인정받을 수도 있다. 별도가구란 부모와 자녀가 함께 살아도 별도로 사는 것으로 간주하여 부모 혹은 자녀가 수급자가 될 수도 있다. 흔히 부모와 사는 30세 이상의 배우자가 없는 중증장애인은 '별도가구'로 간주된다. 결혼한 자녀의 집에 사는

부모, 결혼한 형제자매의 집에서 사는 경우에도 별도가구로 간주하여 수급자로 지원해 줄 수도 있다. 가구원 수가 많으면 공적 지원을 받을 수 있는 '기준 중위소득'도 높아지므로 어떤 사람을 가구원에 포함시킬 것인지 여부를 정확히 확인하는 것이 중요하다.

소득인정액=소득평가액+재산의 소득환산액

가구 소득인정액은 월 단위로 계산된 소득평가액에 재산의 소득환산액을 합친 금액이다. 가구원 중에서 소득이 있는 사람이 다수고 액수가 많으면 소득평가액이 높아진다. 소득평가액은 모든 가구원이 버는 근로소득, 사업소득, 재산소득, 이전소득 등을 합산한 금액이다.

재산의 소득환산액은 재산 유형별로 소득으로 환산되는 방식이 다르다. 재산은 주거용재산, 일반재산, 금융재산, 승용차 등으로 세분된다. 재산의 소득환산율이 높은 자동차가 있거나 예금이 많으면 소득환산액이 높아진다.

소득평가액

소득평가액은 가구원이 버는 모든 소득을 합산한 금액에서

'공제되는 소득'을 제외한 금액이다. 부부 소득뿐만 아니라 자녀의 아르바이트를 포함하여 모든 근로소득, 사업소득, 재산소득(임대소득, 이자소득 등), 공적 이전소득(국민연금, 기초연금 등), 사적 이전소득(친척이나 친구 등으로부터 5회 이상 받은 금액)을 합치고 이를 12개월로 나눈 금액이다. 2020년부터 근로소득 중 30%를 공제한 나머지 소득만 소득평가액으로 산정한다.

시·군·구 등 보장기관은 소득의 종류에 따라 매월 혹은 연 1회 이상 확인조사를 하는데, 사회복지통합전산망을 통해 조회된 공적 자료를 우선 적용한다. 소득이 상당히 있어도 공적 자료로 확인되지 않으면 계산에서 누락될 수 있는데, 노점상 등은 해당 가구의 생활수준을 고려하여 '지출실태조사'로 소득수준을 가늠할 수 있다.

근로능력자가 일하지 않는 경우에는 소득을 추정한다. 대개 하루 최저임금액(2020년에는 8,590원의 8시간분인 6만 8,720원)으로 15일 내외를 일한 것으로 보아 '확인소득'을 추정한다(103.08만 원 내외). 다만, 미취학 어린이를 양육하는 사람, 질병이나 장애로 거동이 곤란한 가구원을 보호하는 사람, 구직등록을 하고 구직 중인 사람, 대학생 등은 '확인소득'을 추정

하지 않으니 해당되는 사람은 적극적으로 해명하기 바란다.

대학생의 아르바이트 소득은 40만 원을 우선 공제하고 나머지 금액 중 30%를 뺀 금액만 소득으로 간주된다. 예를 들면, 월 50만 원을 벌었으면 40만 원+3만 원을 제외한 7만 원만 소득평가액으로 계산된다. 나머지 금액도 교재비, 학원비, 학교등록금 등으로 지출했다는 영수증을 첨부하면 공제받을 수 있다.

수급자가 국민연금에 가입하면 연금보험료의 50%를 소득에서 공제하니, 이처럼 공제되는 소득이 무엇인지를 꼭 확인하기 바란다. 실제소득에서 공제소득을 제외한 금액이 소득평가액이다.

재산의 소득환산액

재산은 가구원 명의로 된 모든 재산이고 크게 일반재산, 금융재산, 자동차로 구분하여 조사된다. 일반재산은 자가이면 집값(시가표준액)과 땅값, 전세·월세이면 보증금(계약서상의 95%), 입주권·분양권 등을 합친 금액이다. 계약서는 반드시 확정일자를 검인받아야 된다.

기본재산액(대도시 6,900만 원, 중소도시 4,200만 원, 농어촌

3,500만 원)을 공제한 나머지 금액에 4.17%를 곱한다. 공제하고 남은 일반재산이 주거용재산이면 1.04%로 환산한다. 광주에 사는 사람이 전세보증금 8,000만 원이면 95%인 7,600만 원에서 6,900만 원을 뺀 700만 원에서 매월 7만 2,800원의 소득환산액이 계산된다.

금융재산은 금융기관에 있는 예금, 적금, 주식, 채권, 보험 등을 포함한다. 예금은 3개월 평균 잔액, 연금저축은 불입금, 일반보험은 해약환급금을 기준가로 산정된다. 금융재산에서 생활준비금 500만 원을 공제한 후에 월 6.26%를 곱한다. 금융재산의 합계가 1,000만 원이라면 500만 원을 공제한 후 500만 원의 6.26%인 31만 3,000원이 소득환산액으로 계산된다.

자동차는 자동차보험 차량가격의 100%가 소득으로 환산된다. 보험기준 250만 원의 차량은 월 250만 원의 소득환산액으로 계산된다. 다만, 3급 이상의 장애인이 가진 2000cc 미만 자동차, 자동차를 생계수단으로 활용한 경우, 1600cc 미만이면서 10년이 넘은 차량은 일반재산으로 간주된다.

따라서 자동차가 있으면 팔고, 예금이 많으면서 월세로 살면 예금을 찾아서 전세보증금을 올려 주는 것이 합리적이다.

소득인정액은 '복지로'를 클릭하고 '복지서비스 모의계산'을 하면 짐작할 수 있다. 모의계산으로 복지급여를 받을 수 있으면 129로 전화하거나 읍·면·동 행정복지센터에 신청하기 바란다. 복지급여는 본인이나 가족이 신청할 때 받을 수 있기 때문이다.

부양의무자와 부양비

기초생활보장제도는 주거급여와 교육급여 수급자를 제외한 모든 수급자를 가구 소득인정액과 부양의무자의 부양비를 산정하여 결정한다. 2촌 이내로 함께 사는 가족은 부양의무가 있고, 함께 살지 않더라도 1촌 이내 가족은 부양의무가 있으므로 소득인정액이 기준보다 낮더라도 부양의무자가 부양능력이 없거나 약할 때만 복지급여를 받을 수 있다.

부양비는 동거 가족은 소득평가액에 포함되고, 따로 사는 경우에는 미혼자녀와 기혼 아들(며느리)은 기준 중위소득 이상 금액의 30%, 기혼 딸(사위)은 15%까지였다. 부양비를 산정할 때 미혼과 기혼, 성별에 따라 다른 것은 차별이었기에 2020년부터 부양비는 10%로 표준화되었다. 부양의무자가 자기 살기도 빠듯하다는 이유로 용돈조차 주지 않아도 국가는 부양의무자가 '부양비'를 낼 것으로 간주하고 공공부조를 하지 않는다. 이 때문에 부양의무자에게 생활비를 받지 못한 가난한 사람들은 공공부조의 사각지대에 방치되고 있다. 2020년부터 부양비의 산정 방식이 완화되었기에 수급자 선정 기준의 경계선에 있는 사람은 신청하면 수급자가 될 확률이 높아졌다.

기준 중위소득

　정부는 2015년 7월부터 가구 소득인정액이 기준 중위소득의 특정 비율 이하일 때 생계급여 등을 제공한다. 소득인정액이 중위소득의 30% 이하인 가구는 생계급여, 의료급여, 주거급여, 교육급여 등을 모두 받을 수 있고, 중위소득의 30% 초과이고 40% 이하인 사람은 생계급여를 못 받지만 의료급여, 주거급여, 교육급여를 받을 수 있다. 소득인정액이 기준 중위소득의 45% 이하인 사람은 주거급여와 교육급여를 함께 받고, 45% 초과이고 50% 이하인 사람은 교육급여를 받을 수 있다. 생계급여와 의료급여 수급자를 선정할 때에는 가구 소득인정액에 부양의무자의 부양비를 고려하지만, 주거급여와 교육급여는 부양의무자 기준이 없기에 해당 가구의 소득인

정액만 본다.

2020년 기준 중위소득은 1인가구 1,757,194원이고, 2인가구 2,991,980원, 3인가구 3,870,577원, 4인가구 4,749,174원 등으로 가족수가 늘면 기준액도 늘어난다. 기준 중위소득은 매년 조금씩 인상되는 경향이 있기에 수급자의 책정 기준도 인상된다.

생계급여

생계급여는 소득인정액이 기준 중위소득의 30% 이하일 때 받을 수 있다. 2020년도 생계급여 최대지급액은 1인가구 기준 527,158원이다. 2인가구는 897,594원, 3인가구는 1,161,173원, 4인가구는 1,424,752원이다. 실제 지급되는 생계급여액은 수급자 가구의 소득인정액을 공제한 금액이다.

국가 차원에서 하는 생계급여와 달리 시·도 차원에서 추가로 지원하는 경우가 있다. 이때에는 소득, 재산의 기준이 국가 기준보다 더 높다. 예컨대, 광주형 기초보장제는 최저생계비 이하의 생활을 하지만 부양의무자 기준 등이 맞지 않아 국민기초생활보장 수급자로 선정되지 못한 저소득층에게 매월 일정 금액(1인가구 기준 월 20만 원)의 생계급여를 지급하는 지역형 복지제도이다. 지원 대상은 기준 초과로 수급자가 되지 못하는 가구 중 소득인정액이 기준 중위소득의 40% 이하이면서 일반재산 9,500만 원 이하(금융재산 포함), 금융재산 2천만 원 이하이면 선정될 수 있다.

〈표 1-1〉기준 중위소득과 복지급여 수급자(2020년)

(단위: 원)

	1인가구	2인가구	3인가구	4인가구
기준 중위소득	1,757,194	2,991,980	3,870,577	4,749,174
생계급여(30% 이하)	527,158	897,594	1,161,173	1,424,752
의료급여(40% 이하)	702,878	1,196,792	1,548,231	1,899,670
주거급여(45% 이하)	790,737	1,346,391	1,741,760	2,137,128
교육급여(50% 이하)	878,597	1,495,990	1,935,289	2,374,587
교육비지원(60% 이하)	1,054,316	1,795,188	2,322.346	2,849,504
긴급복지(75% 이하)	1,317,896	2,243,985	2,902,933	3,561,881
재난적 의료비 (100% 이하)	1,757,194	2,991,980	3,870,577	4,749,174
국가장학금 (4인가구의 200% 이하)	9,498,348	9,498,348	9,498,348	9,498,348

나의 기초연금은

　기초연금은 65세 이상 노인 중 소득 하위 70%에 속한 사람이 매월 일정한 연금을 받을 수 있도록 설계된 제도이다. 국민연금과 공무원연금은 본인이 낸 보험료에 근거하여 연금을 받고, 혹 배우자(혹은 가족)가 사망하면 유족연금 등을 받을 수 있다.

　그런데 기초연금은 국민의 세금으로 받는 것이다. 모든 노인이 받는 것은 아니고, 전체 노인 중 소득인정액이 70% 이하인 노인만 받을 수 있다. 기초연금 수급자는 노인의 소득분포, 임금상승률, 지가(땅값), 신규 소득연계분 등을 종합적으로 반영한 '선정기준액'에 의해 결정된다.

　2020년에 노인 단독가구는 월 소득인정액이 148만 원, 부부는 236.8만 원 이하면 기초연금을 받

을 수 있다. 소득인정액 기준은 매년 조금씩 인상되고 있다. 소득인정액은 소득평가액에 재산의 소득환산액을 합친 금액이다. 노인의 근로활동을 장려하기 위해 근로소득은 월 96만 원을 공제하고 나머지 금액도 70%만 소득평가액으로 계산된다. 이 때문에 큰 재산이 없이 근로소득만 있는 단독가구는 307만 원 이하, 부부 모두 근로활동을 한 경우에는 근로소득이 530만 원 이하인 경우까지 기초연금을 받을 수도 있다. 재산이 많으면 재산의 소득환산액이 늘어나서 소득이 낮아도 받을 수 없다.

어떤 노인이 기초연금을 받을 수 있는지 여부와 얼마를 받을 수 있는지는 선정기준액, 기준연금액, 소득인정액 산정 세부기준에 의해 결정된다. 이 기준은 매년 연말에 행정예고를 거쳐 새해 첫날부터 적용되고, 4월에 물가상승률을 고려하여 기준연금액이 재조정된다.

소득인정액이 그해의 선정기준액에 미치지 못한 노인이 읍·면·동 행정복지센터에 신청하면 기준연금액을 받을 수 있다. 기준연금액은 소득인정액의 비율에 맞춰서 소득인정액이 낮으면 전액을 다 받고, 소득인정액이 일정액을 넘더라도 선정기준액에 미치지 못하면 최소 2만 원까지 연금을 받

을 수 있다. 소득인정액 산정에서 중요한 것은 해당 가구의 소득과 재산만 본다는 점이다.

기초연금은 당초 기초노령연금으로 불리고 노인 중 하위 70%에게 월 약 9만 원씩 주어졌다. 박근혜 대통령이 대선 공약으로 '기초연금'으로 바꾸고, 월 20만 원으로 인상하였다. 매년 기초연금액이 조금씩 인상되어 2018년 9월부터 단독가구 노인은 25만 원, 부부가구는 두 사람분의 80%인 40만 원까지 받을 수 있었다. 2019년 4월부터 하위 20%에게 30만 원까지 인상되었고, 2020년부터 하위 40%에게 30만 원까지 지급된다. 공무원연금을 받는 사람은 기초연금을 받을 수 없고, 국민연금 등을 많이 받거나 소득인정액이 상당한 사람은 2만 원까지 감액될 수 있다.

하지만 이 땅에서 가장 가난한 약 40만 명의 노인이 기초연금을 제대로 받지 못한 것은 사회정의에 부합되지 않는다. 기초생활보장 수급자 노인은 기초연금으로 받고 그 다음 달 생계급여에서 그만큼 덜 받기에 '줬다 뺏는 기초연금'으로 차별을 받고 있다.

기초연금은 하위 70% 중에서 다소 형편이 나은 사람에게는 차등지급을 하고 있다. 기초연금 수급자 중에서 가장 많이 받는 사람이 30만 원이고, 가장 적게 받는 사람이 2만 원이다. 「기초연금법」 제5조는 기초연금을 기준연금액과 국민연금 급여액 등을 고려하여 산정하도록 규정한다. 같은 법 제6항 2호 다항에서 「국민기초생활보장법」 제2조에 따른 "수급권자로서 대통령령으로 정하는 사람"에게는 기준연금액을 지급하도록 한다.

국민기초생활보장제도는 가구 소득인정액이 기준 중위소득의 30% 이하인 사람에게 생계급여를 제공한다. 2020년 1인가구의 기준 중위소득은 175만 7,194원이고 그것의 30%인 52만 7,158원 이하 소득인정액을 가진 노인은 부족한 만큼 생계급여를 받을 수 있다.

여기에서 소득인정액은 근로소득, 사업소득, 재산소득, 이전소득 등이 모두 포함된 것인데, 정부는 '기초연금'을 이전소득으로 간주한다. 어떤 노인이 기초연금으로 30만 원을 받으면, 그 다음 달 생계급여는 52만 7,158원에서 기초연금을 공제한 22만 7,158원으로 줄어든다.

「기초연금법」은 기초생활보장 수급자인 노인에게 기준연금액을 전액 지급하도록 법으로 정했지만, 행정부는 「국민기초생활보장법 시행령」을 통해 기초연금을 이전소득으로

간주하여 그만큼 덜 주고 있다. 입법부가 법으로 정한 것을 행정부는 시행령으로 주지 않으면서 '합법적'이라고 강변한다. 이에 대해 국회 입법조사처는 법으로 정한 것을 시행령으로 제한한 것은 개정되어야 한다고 의견을 제시했다.

한편, 기초연금을 받고 다음 달 그만큼 생계급여를 받지 못하는 수급자들은 '줬다 뺏는 기초연금'을 헌법에 맞지 않다고 '헌법소원'을 제기하였지만, 헌법재판소는 이를 기각했다.

위기에는
'긴급복지'를 활용한다

   긴급복지를 받을 수 있는 위기사유 인정요건은 다양하다. 가장 흔한 사유는 주된 소득자의 사망·실직·구금시설 수용 등의 사유로 소득 상실, 부(副)소득자의 휴업·폐업과 실직, 가구 구성원의 중한 질병 또는 부상, 가구 구성원으로부터 방임·학대·성폭력 피해, 화재 등으로 거주지에서 생활 곤란, 기초수급자 탈락, 단전·단수·건강보험료가 체납된 경우 등이다.

   국민기초생활보장제도는 해당 가구의 소득과 재산뿐만 아니라 부양의무자의 부양비를 파악하여 수급자로 선정하지만, 긴급복지는 해당 가구가 위기상황에 처했다고 인정을 받으면 즉시 도움을 받을 수 있다.

   원칙적으로 긴급복지는 긴급한 사유, 소득요건, 재산요건을 모두 갖추어야 지원을 받을 수 있다. 가구원의 총소득이 기준 중위소득의 75% 이하(2020년 4인 기준은 3,561,881원)이

고, 집, 전세금, 토지 등 재산의 평가액이 대도시 1억 8,800만 원, 중소도시 1억 1,800만 원, 농어촌 1억 100만 원 이하이어야 한다. 은행통장 등에 있는 금융재산 500만 원 이하(주거지원은 700만 원 이하)인 가구만 지원을 받을 수 있었다.

재산은 일반재산+금융재산+보험 · 청약저축 · 주택청약 종합저축을 모두 합친 금액에서 '부채'를 뺀 금액이다. 부채는 은행권의 담보대출, 신용대출 등을 합친 금액이고 통장에서 마이너스 대출, 개인 간의 채무(차용증) 등은 인정되지 않는다.

일반적으로 담당공무원은 통장 잔액을 확인하여 500만 원 이하이고 재산이 기준에 맞는지를 확인한 후에 대상자로 결정하면, 생계비, 의료비, 주거비, 전기요금 등을 24시간 안에 지원해야 한다. 긴급복지는 '선지원 후조사'를 원칙으로 하여 다소 예외를 인정하는 경향이 있다. 지원기준보다 조금 많은 재산과 소득을 가진 경우에도 지역사회보장협의체가 추천하면 지원받을 수도 있다.

긴급복지의 지원내용은 필요한 최소한의 금액이다. 2020년 생계지원은 식료품비, 의복비

등 1개월 생계유지비로 4인 기준 119.49만 원이고 최대 6회까지 받을 수 있다. 가족수가 줄면 생계지원도 줄고 횟수도 제한되어 있다.

의료지원은 각종 검사, 치료 등 의료서비스 지원이고 본인부담금과 비급여 항목을 포함하여 300만 원 이내이다. 필요한 경우에는 2회까지 지원받을 수 있다. 입원 시 본인부담금은 진료비의 20%이므로 전체 진료비 1,500만 원을 지원받을 수 있다는 뜻이다. 의료지원을 받기 위해서는 병원에 진료비를 지불하기 전에 신청해야 한다.

주거지원은 국가·지방자치단체 소유 임시거소 제공 또는 타인 소유의 임시거소 제공, 제공자에게 거소사용 비용 지원이다. 대도시 4인 기준으로 월 64.32만 원이고 12회까지 지원받을 수 있다. 가구원 수가 증감되면 지원액도 증감되고, 지역에 따라 지원 금액이 다르다. 필요한 경우에는 복지시설을 이용할 수 있다.

교육지원은 초·중·고등학생 중 수업료 등이 필요하다고 인정되는 사람에게 학비를 지원한다. 지원금액은 1인당 초등학생 22.16만 원, 중학생 35.27만 원, 고등학생 43.22만 원과 소정의 수업료·입학금이다. 지원은 2회가 원칙이지만 필요한 경우 4회까지 연장할 수 있다.

그 밖에 10월부터 3월까지 동절기에는 연료비를 월 9.8만 원씩 지원받을 수 있다. 자녀를 출산한 경우에는 해산비로 70만 원(쌍둥이 140만 원), 장례를 치룬 경우에는 장제비 80만 원, 전기요금이 체납된 경우 50만 원을 각각 1회씩 받을 수 있다.

이러한 기준에도 불구하고 시·군·구가 필요하다고 인정한 경우에는 사회복지공동모금회 등 민간 자원을 주선해 줄 수 있다. 누구든지 갑작스러운 위기상황에 처한 사람이나 이들을 알고 있는 사람은 일단 시·군·구에 긴급복지를 신청하기 바란다. 좀 더 자세한 사항은 '복지로'에서 검색할 수 있다.

긴급복지가 필요하면 꼭 129로 전화해야 한다. 갑작스런 위기 상황에 처한 저소득 위기가구라면 '긴급복지'를 신청하여 지원받을 수 있다. 당사자나 가족이 읍·면·동 행정복지센터나 보건복지콜센터(국번 없이 129)로 전화하면 된다. 당사자나 가족이 신청하기 어려운 경우에는 친인척이나 이웃, 복지시설·기관·단체의 장이나 사회복지사 등도 신청할 수 있다.

퇴직연금과 연금저축

　우리나라 노인 빈곤율은 경제협력개발기구(OECD) 회원국 중 1위이다. 한국 노인 빈곤율은 2017년에 43.8%로 OECD 평균 14.8%보다 3배 정도 많았다. 한국 노인이 가난한 이유는 대부분 자녀들을 키우고 학교를 보내며 결혼을 시키느라 자신의 소득과 재산을 거의 써 버렸기 때문이다. 선진국 노인들은 국민연금 등 공적 연금으로 사는데, 한국 노인 중 공무원연금이나 국민연금으로 여유 있게 사는 사람은 별로 없다. 해마다 나이는 먹어 가는데 노후 재무 설계를 어떻게 할 것인가? 수입을 늘리고, 지출을 줄이며, 저축을 늘려야 한다.

퇴직연금

　퇴직연금이란 매월 일정액의 퇴직적립금을 외부의 금융기관에 위탁하여 관리·운용하여 퇴직 시 연금으로 받는 제도이다. 퇴직금은 근속연수 1년에 평균임금 한 달 분을 받을 수

있는데, 기업이 도산하면 월급과 퇴직금을 받을 수 없었다. 기업이 망하더라도 근로자의 퇴직급여가 보장될 수 있도록 2005년 12월 「근로자퇴직급여 보장법」의 시행과 함께 퇴직연금제도가 마련되었다. 퇴직연금은 근로자 퇴직 시 연금 또는 일시금으로 지급하도록 하는 기업복지제도이다.

퇴직연금제도를 설정하기로 한 경우 사용자는 근로자대표의 동의를 얻어 규약을 작성하고 이를 노동부장관에게 신고하고, 지방 노동관서는 동 규약이 법령에 적합하게 작성되었는지를 판단하여 수리한다. 퇴직연금은 각 회사가 노사합의에 따라 확정급여형(Defined Benefit Retirement Pension: DB)과 확정기여형(Defined Contribution: DC) 중 선택할 수 있다.

연금저축

연금저축은 신탁, 펀드, 보험 등 다양한 형식이다. 만기일이 되면 가입자가 신청해야 하는데, 2017년 말 기준 아직 찾아가지 않아 '잠자고 있는' 연금저축이 4조 원이다. 연금저축 총 계좌 수는 672만 8,000개이고 적립금은 121조 8,000억 원이었다. 이 중 연금수령 개시일이 돌아온 것은 72만 3,000개이고 적립금은 15조 6,000억 원이었다. 문제는 수령 시기가 도래한 연금저축 중 28만 2,000개 계좌의 4조 원(금액기준 25.6%)이 지급되지 않고 있다. 개인이 노후를 위해 저축한 돈이 만기가 되었음에도 찾아가지 않는 돈이 무려 4조 원에 이른다는 점이다. 이 금액은 2억 원짜리 아파트 2만 채를 구입할 수 있는 큰 돈이다.

가입자가 아직 지급 신청을 하지 않는 연금저축 계좌 28만 2,000개 중 가장 많은 업권은 은행으로 18만 7,000개(전체의 66.4%)이다. 이는 연금저축이 도입될 때 은행이 판촉하면서 수많은 사람이 가입하였지만 도중에 계좌를 관리하지 않고 방치한 사람이 많기 때문이다. 아직 찾아가지 않는 돈이 가장 많은 업권은 생명보험회사이다. 생명보험회사에서 찾아가지 않는 연금저축은 1조 6,000억 원으로 전체의 41.0%이다.

연금저축이 만기되었지만 지급신청이 되지 않는 계좌가 많은 이유는 가입자들이 이를 잘 알지 못했기 때문이다. 연금을 수령할 자격을 갖추었지만 가입자가 은행이나 보험회사에 연락하지 않거나 받겠다는 의사표명을 하지 않는 사람이 전체의 82.5%이었다. 연금저축을 받아야 할 사람 중 1/4은 연금을 찾아가지 않았고, 찾아가지 않는 사람 중 8할 이상이 당사자가 신청하지 않았다는 뜻이다.

이 밖에 연금저축 가입자의 지급 보류 요청, 압류나 질권 설정, 약관대출 등 법률상 지급제한이 17.3%를 차지했다. 일부 가입자는 연금저축을 받을 수 있다는 것을 알지만, 지급을 보류하거나 빚 때문에 찾을 수 없는 경우도 있다는 뜻이다.

연금저축은 연금 수령일이 되면 가입자가 금융기관을 방문해 연금수령 개시 신청을 해야 받을 수 있다. 연금을 받을 시점이 되어도 가입자가 신청하지 않으면 금융기관은 가입자에게 통지하여 신청하도록 알려 준다. 가입자가 남긴 전화, 주소, 이메일 등 모든 수단을 통해 연금을 탈 수 있다는 사실을 통지한다.

이렇게 해도 가입자를 찾기 어려우면 '은행공동전산망'을 활용하여 가입자가 가장 최근에 계좌를 튼 금융기관에서 연락처를 파악하여 안내하는 등 보다 적극적인 대책을 강구해야 한다. 「개인정보 보호법」과 관련된 사안이므로 관계 법령에서 규정하고, 필요한 경우에는 약관에 넣어서 금융기관이 가입자를 적극 찾아야 한다. 연금저축은 그 속성상 장기간 관리해야 하는 계좌이고, 그동안 가입자가 주소, 전화번호, 이메일 등 개인정보를 바꿀 가능성이 높기에 사전·사후에 대책을 강구해야 한다.

연금저축 가입자가 연금수령 개시신청을 하지 않더라도 금융기관은 해당 상품의 약관에 따라 적립금을 계속 운용하기에 돈이 사라지지는 않는다. 가입자가 연금수령을 신청하기 전에 연금저축 수익률이나 세금부담, 재무상황 등에 따른 유불리를 고려해 연금수령 개시 시기를 판단하는 것이 좋다.

돈이 돈을 벌다

"돈이 돈을 벌고, 이자에 이자가 붙다." 이 두 가지는 자본주의의 중요한 원리이다. 돈에는 이자가 붙기에 돈을 가진 사람은 시간이 지나면 이자가 늘고 돈을 빌린 사람은 이자부담이 커진다. 같은 원리로 땅이나 건물을 가진 사람은 임대수입이 생기고 이를 빌린 사람은 임차료를 내야 한다.

따라서 돈, 땅, 건물, 주식과 채권 등 자산을 가진 사람은 시간이 갈수록 수입이 커지고, 다른 사람의 자산을 빌려 일하는 사람은 수입에서 임차료, 이자 등을 지불한 후에야 소득을 가질 수 있다. 문제는 소득이 낮은 사람은 저축을 하기 어렵고, 지출이 더 많아지면 빚으로 살 수밖에 없다. 빚에는 이자가 늘기에 시간이 갈수록 빚의 악순환에 빠지기 쉽다. 신용이 낮은 사람은 빚을 얻기조차 힘들어진다.

국민연금 실버론

　국민연금공단이 급전이 필요한 노인에게 긴급생활자금을 빌려주고 있다. 1000만 원까지 빌려주고 5년간 원금균등상환일 때 이자율은 다른 대출보다 싸다. 전월세자금, 의료비, 장제비, 재해복구비 등 긴급히 자금이 필요한 국민연금 수급자는 국민연금공단의 '실버론'(노후긴급자금대부)을 활용하기 바란다. 모든 대출은 언젠가 원리금을 갚아야 하는 빚이고, 빚은 시간이 갈수록 이자가 늘기에 신중하게 선택해야 한다.

　연금수급자는 실버론을 최대 5년간 이용할 수 있다. 5년간 원금균등 분할상환을 활용할 경우에 5년 만기 국고채수익률로 갚으면 된다. 2020년 1월 연리는 1.51%(연체 3.02%)이다. 원리금은 이용자가 별도로 갚는 것이 아니라, 매달 받는 국민연금 급여에서 원천 공제된다. 이 때문에 대출 상환율은 99.61%로 매우 높다. 도입 당시에는 연대보증과 보증수수료(연 0.5%)를 부과했지만, 2013년 10월부터 이를 해소하여 불편을 줄였다. 대출한도 금액도 2015년 7월부터 500만 원에서 750만 원으로 증액되었고, 2019년 1월부터 1,000만 원으로 상향되었다.

 신용이 낮은 사람은 은행권에서 빚을 내기가 어렵다. 금융기관은 집이나 땅 등을 담보로 돈을 빌려주는 담보대출이 많고, 신용만으로 대출한 경우에는 액수도 적고 조건도 까다롭다. 전문직으로 안정된 수입이 있는 사람은 신용등급이 좋고, 주택이나 건물 등을 가지고 있기에 담보대출을 받기도 쉽다. 고소득층이나 일정한 수입이 있는 사람은 신용등급이 높기에 이자율도 평균보다 낮다.

 그런데 신용이 낮은 사람은 은행권에서 대출을 받기 어렵다. 서민들이 실직으로 생활비가 궁핍한 경우에 대부업체를 찾는 경우가 많다. 신용등급이 낮은 사람은 울며 겨자 먹기로 연 27.9%의 고금리로 대출받는 경우가 많다. 만약 300만 원을 빌리면 이자만 연간 83.7만 원이고 매월 7만 원 가량을 갚아야 한다. 아르바이트를 해서 이자는 갚을 수 있더라도 원금을 갚기는 쉽지 않다. 한번 대부업체를 이용하면 이자를 갚고 원금까지 갚기가 쉽지 않기에 자신에게 가장 맞는 금융상품을 골라서 이용하는 것이 좋다.

창업이나 운영자금은 이자율이 낮다

자영업자가 창업하거나 운영자금이 필요하면 '미소금융' 등을 이용하는 것이 좋다. 과거에는 신용등급 7~10등급만 이용할 수 있었는데, 355만 명에 달하는 신용등급 6등급자도 창업이나 운영자금을 연 4.5%의 금리로 빌릴 수 있게 되었다.

햇살론·새희망홀씨·바꿔드림론은 소득 요건을 연 3,000만 원에서 3,500만 원 이하로 500만 원 올렸다. 신용등급 6~10등급은 4,000만 원에서 4,500만 원으로 인상되었다. 추가된 소득 구간에 해당되는 약 159만 명이 서민금융을 이용할 수 있다.

빚으로 사업을 하는 것은 위험하지만, "소도 비빌 언덕이 있어야 비빈다."라는 속담과 같이 사업하기 위해 급히 돈이 필요한 경우에는 대부업체보다 절차가 조금 까다롭더라도 '시민금융상품'을 이용하는 것이 좋다.

고금리로 힘들면, 저금리로 갈아탄다

대부업체 등에서 돈을 빌려 원리금을 갚기 힘들다면 미소금융·햇살론 등을 활용하여 싼 이자로 갈아타는 것이 좋다. 월급이 250만 원 정도이고 3개월 재직기간 등 조건을 갖추면 연 7~9%대인 햇살론 등을 신청할 수 있다. 신청했다고 모두

받을 수 있는 것은 아니지만, 서민금융상품에 도전하는 것이 좋다.

텔레비전 광고나 생활정보지를 보면, "묻지도 따지지도 않고 금방 대출을 한다."라든지, "핸드폰으로 신청하면 본인 확인만으로 바로 입금해 주겠다."라는 호객행위에 주의해야 한다. 쉽게 대출을 받을 수 있을지 몰라도 빚의 굴레에서 벗어나기는 어렵다.

고금리 채무를 갈아타려면 바꿔드림론(은행)이나 햇살론(저축은행·상호금융), 생계자금을 빌리려면 새희망홀씨(은행)나 햇살론을 이용하면 된다. 서민금융상품의 생계자금 지원액도 늘어난다. 2,500만 원이던 새희망홀씨 생계자금은 3,000만 원까지, 1,500만 원이던 햇살론은 2,000만 원으로 한도액이 상향된다. 정부는 정책서민자금 공급 규모를 2016년에 5조 7,000억 원에서 2017년에 7조 원으로 23% 늘렸다.

중신용자라면 '사잇돌 대출'을 이용한다

정부는 중(中) 신용자를 위한 보증부 중금리 대출인 '사잇돌 대출'의 공급도 늘리기로 했다. 2016년 7월 출시된 은행권 사잇돌 대출은 금리가 연 6~8%이고, 같은 해 9월 선보인 저축은행권 사잇돌 대출은 연 15~18%이다. 이자율은 매우 높지만 대부업체에서 27.9%로 대출을 받은 사람의 입장에서는 이자를 반 이상으로 낮출 수도 있다. 사잇돌 대출이 인기를 끌어서 당초 공급목표(각 5,000억 원)를 은행은 일찍 채울 전망이다. 금융위원회는 추가로 총 1조 원의 보증을 서울보증보험을 통해 공급한다.

또한 농협·수협·신협 등 상호금융권을 통해 금리가 10% 내외인 사잇돌 대출 상품을 추가로 선보인다. 상호금융권의 사잇돌의 금리는 은행과 저축은행 금리의 중간 수준이다. 대출이 필요한 경우에는 은행권, 상호금융권, 저축은행권 순으로 가장 좋은 조건의 대출상품을 골라 보자. 대출이 불가피하다면 이자는 쌀수록 좋다.

빚은 가급적 빨리 갚아야 한다

서민층에게 금융지원을 늘리는 것은 자칫 "밑 빠진 독에 물 붓기" 식이 될 수도 있다. 햇살론과 바꿔드림론은 대위변제율(금융회사가 떼인 돈을 보증기관이 대신 갚아 준 비율)이 각각 12%와 28%에 달한다. 정부 주도의 정책성 금융지원을 계속 늘리는 것

은 지속 가능하지 않다는 뜻이다.

경기침체 장기화로 영세 자영업자들의 채무 부담이 커졌고, 이들이 빚을 갚지 못하면 가계부채가 폭발할 수 있다. 만약 금융기관이 대출을 규제하면 가장 먼저 서민층이 타격을 받게 된다. 빚은 갚을 수 있을 때 지렛대가 되지만 갚지 못하면 족쇄가 된다. 각종 금융상품은 정부정책과 해당 금융기관의 방침에 따라 대출 조건이 달라지기에 자신에게 가장 유리한 것을 찾아야 한다.

소득을 늘리고 지출을 줄인다

　장수는 축복이지만 노후 대책을 제대로 세우지 않으면 큰 재앙이 될 수 있다. 필자가 생각하는 노후 대책의 팁이다.

18세에 국민연금에 가입한다

　노후 대책에서 가장 중요한 것은 '연금'이다. 한국 노인 빈곤율은 43.8%로 OECD 평균 14.8%보다 거의 3배가 높다. 한국인 중 90세가 되어도 빈곤하지 않는 노인은 공무원, 군인, 사립학교 교직원연금 수급자 등 극히 일부이다.

　모든 국민이 공무원이 될 수는 없기에 국민연금을 많이 타려면 하루라도 빨리 가입하고 길게 가입해야 한다. 18세가 되면 반드시 국민연금에 가입해야 한다. 한 달이라도 가입하면 보험료를 내지 않았더라도 다음에 '추후납부'를 할 수 있다. 자녀가 18세가 되면 부모가 생애 첫 가입비를 '선물'로 주고, 19세 성년이면 국민연금에 가입완료를 확인하는 운동을 펼치

자. 18세에 국민연금 가입으로 노후 대책을 시작해야 한다.

건강검진을 정기적으로 한다

국민건강보험 가입자와 피보험자는 2년에 한 번씩 건강검
진을 무상으로 받을 수 있다. 아프지 않더라도 정기 건강검
진을 반드시 받고, 20세 이상 여성은 자궁경부암 검사를 받
으며, 40세 이상은 유방암·위암·간암을 검사받고, 50세 이
상은 대장암 검사를 받자. 폐암을 포함하여 6대 암 검사는 소
득에 따라 무상 혹은 검사비의 10%만 내고 받을 수 있다. 자
궁경부암과 대장암은 무상이고, 다른 암도 월 건강보험료가
약 9만 원 미만인 사람은 무상이고, 그 이상 보험료를 내는
사람도 검사비의 10%만 내면 된다.

정기 검진 때 암 검사를 하여 진단이 나오면 국가로부터 암
치료비 200만 원을 받아서 치료받고, 보건소에 암환자 등록
을 하면 본인부담금을 5%로 낮추어서 치료받을 수도 있다.
소득수준에 따라 다르지만, 암 치료비도 대폭 낮아졌다. 질
병에 겁먹지 말고 정기적으로 검사받아 조기에 발견하고 치
료를 받자.

돈을 벌면, 저축한 후에 쓴다

일을 시작하여 돈을 벌면 저축한 후에 지출하는 습관을 들인다. 번 돈의 30% 이상은 중장기로 저축하고, 나머지도 통장에 두고 지출한다. 지출할 때는 향후 수입으로 연결되는지를 생각하면서 쓴다.

건강을 위해 음식을 먹고 더 나은 것을 배우기 위해 쓰는 것은 투자이지만, 술을 마시고 담배를 피우는 것은 지출일 뿐이다. 친교를 위해 가볍게 한잔하는 것은 투자이지만, 습관적으로 음료수나 술을 마시는 것은 낭비이다.

체면 때문에 낭비하지 않는다

젊은 사람들과 중장년층이 낭비하기 쉬운 것이 체면 때문에 쓰는 돈이다. 최근 장례식은 많이 표준화되었지만, 결혼식은 허례허식에서 벗어나지 못한 경우가 많다. 일생에 한 번이라는 말에 낭비하는 경우가 많다. 꼭 축하받고 싶은 사람들만 초대하여 간소하게 하는 결혼식이 확산되면 좋겠다. 결혼식에 사회적 위세를 과시하듯이 손님을 모으는 것은 하객의 입장에서도 불편하다.

승용차는 이동의 수단이지 신분의 상징이 아니다. 고급차

를 새로 사면 자동차 값은 물론이고 세금, 보험료, 유지비도 늘어난다. 가성비가 좋은 차를 사면 차량 값은 물론이고 유지비도 줄어든다. 싸고 튼튼한 차를 사서 안전하게 운행하는 것이 중요하다.

살 집을 구입해서 안정적으로 거주한다

취업이나 결혼을 하여 중장기적으로 살 곳이라면 괜찮은 집을 빨리 사서 장기간 거주한다. 작은 집이라도 내 집에서 사는 것과 셋집에서 사는 것은 삶의 질이 다르다. 셋집에서 살면 2년마다 한 번씩 집세를 올려 주고, 본인의 뜻과 달리 이사를 해야 하기도 한다.

이사할 때마다 이사비용, 중개 수수료, 가구를 사거나 버릴 때 내는 비용, 도배나 장판비용 등이 적지 않다. 집을 옮기면 다니던 어린이집·유치원·학교를 옮겨야 할 때가 많고, 새로운 사람들과 익숙해지는 것도 쉽지 않다. 곧 이사를 갈 것이기 때문에 이웃관계를 하지 않고 사는 경우도 있다.

집을 사면 집값이 오르내리지만, 장기적으로 볼 때 늘 올랐다. 인구구조와 주거시장이 바뀌기에 예전처럼 폭등은 없겠지만 편하게 사는 것이 중요하다. 집값에 너무 신경 쓰지 말고 은행대출을 받아서라도 안정적으로 살 집을 구해야 한다.

각종 할인제도를 활용한다

출산가구, 다자녀가구, 5인 이상 대가구, 한부모가족, 장애인, 기초생활보장 수급자, 차상위계층 등은 전기요금, 가스요금, 통신요금, TV 수신료, 난방요금 등을 복지로에서 온라인으로 통합 감면 신청을 할 수 있다. 감면을 받길 희망하는 사람은 복지로에서 신청하거나, 읍·면·동 행정복지센터에서 신청하기 바란다.

감면 내용은 대상자별로 공공요금에 따라 다르므로 그 내용을 확인하기 바란다. 예컨대, 기초생활보장 생계·의료급여 수급자는 텔레비전 수신료를 면제받는다. 전기요금은 월 최대 1만 6,000원(6월에서 8월까지 여름철에는 2만 원)까지 면제를 받을 수 있다. 이동통신요금은 기본료 면제(1만 5,000원 한도)와 통화료 50% 감면(3만 원 한도)으로 월 2만 2,500원까지 감면받을 수 있다. 도시가스요금과 지역난방비도 감면받을 수 있다. 주거·교육급여 수급자는 TV 수신료 면제가 없고, 전기요금, 이동통신요금, 도시가스요금 등에서 감면의 폭이 조금씩 준다. 각종 요금할인은 매년 조금씩 달라지는 경

향이 있으므로 세부 내용을 확인하여 적극 신청하기 바란다.

지금 여기에서 삶을 즐긴다

영어 present는 '현재의, 보여 주다, 선물하다' 등의 뜻이다. 현재의 삶을 선물로 생각하고 여유롭고 알차게 살아보자. 그동안 우리는 미래를 위해 오늘을 희생하는 데 익숙해 왔다. 좋은 학교나 직장을 가기 위해 오늘을 희생하는 경우가 많았다. 오늘을 희생하였지만 더 좋은 미래는 오지 않을 수도 있다. 내 생애에서 오늘은 다시 오지 않는 '선물'이다. 오늘을 알차고 여유롭게 살아보자.

행정복지센터와
복지정보를 활용한다

　행정안전부와 보건복지부는 3,504개 모든 주민센터를 행정복지센터(약칭 '행복센터')로 바꾸었다. 주민의 복지체감도를 높이고 '읍·면·동 복지허브화'를 위해 행정복지센터의 구조와 인력을 바꾸었다. 주민센터에는 복지담당자가 평균 4명씩 근무하였는데, 추가로 맞춤형 복지팀에 3명 이상을 증원했다. 복지팀은 내방민원 상담·접수, 단순 서비스 지원 역할을 수행하고, 맞춤형 복지팀은 복지사각지대에 놓인 대상자를 추가 발굴하고, 가정 방문상담과 개인별 맞춤형 복지서비스 제공 등을 전담하고 있다.

　시민이 시·군·구나 읍·면·동 행정복지센터에 신청하면 받을 수 있는 복지급여가 360가지가 넘는다. 국가가 모든 국민에게 차별 없이 제공하는 복지급여를 알기 위해 보건복지부가 만든 『나에게 힘이 되는 복지서비스(복지가이드북)』를 활용하기 바란다. 이 책은 중앙부처가 제공하는 360여 가

지 사회보장사업의 개요, 지원조건과 신청방법 등을 쉽고 간단하게 정리했다.

『복지가이드북』은 '맞춤형 기초생활보장제도'를 포함하여 생애주기별 맞춤형 사회보장정책을 잘 소개하였다. 크게 생계, 취업, 임신·보육·교육, 보건의료 등 생활영역별, 노령층, 장애인, 보훈대상 등 주요 대상별, 기타 위기별·상황별 지원 등 8대 영역으로 정리했다. 시민은 복지가이드북을 읽고 자신에게 도움이 되는 복지정보를 체계적으로 활용하기 바란다.

시민이 시·군·구나 읍·면·동에 신청하면 받을 수 있는 복지급여가 약 360가지인데, 대부분 본인이나 가족이 신청할 때만 받을 수 있다. 따라서 모든 국민은 자신이 받을 수 있는 복지급여를 알고 신청할 수 있어야 한다. 이를 위해 시·군·구와 읍·면·동은 시민을 위해 생애주기별로 복지교육을 실시해야 할 것이다.

활기찬 노년생활

2.

건강하게 살
권리가 있다

2

건강하게 살 권리가 있다

모든 노인은 건강하게 살 권리가 있다. 인간은 태어나서 생로병사의 길을 걷는다. 어린 시절에는 성장하는 쪽으로 가지만, 일정한 나이가 들면 쇠퇴하는 쪽으로 바뀐다. 한번 바뀐 방향은 일시적으로 되돌아갈 수는 있지만 장기적으로는 돌이킬 수 없다.

따라서 모든 노인이 건강하게 살 권리를 누리기 위해서는 건강관리에 힘써야 한다. 노인의 건강관리는 음식, 운동, 인간관계가 좌우한다. 좋은 음식을 먹어야 에너지를 얻고, 운동을 통해 신체적·정신적 건강을 유지시킬 수 있으며, 좋은 인간관계가 정서적·정신적으로 충만한 삶을 결정짓기 때문이다.

노인이 노력해도 건강이 점차 나빠지는 것을 막기는 쉽지 않다. 건강할 때 건강검진을 주기적으로 실천하고, 병이 들면 건강보험을 통해 질병관리를 해야 한다. 경제적으로 능력이 있을 때는 본인이 건강보험료를 내지만, 점차 보험료를 내는 가족으로 건강보험의 급여를 받게 된다. 소득이 낮고 재산이 별로 없으면 의료급여 수급자로 선정될 수 있다. 의료급여 수급자는 무상 혹은 소액의 본인부담금만으로 의료급여를 받을 수 있다.

2008년 7월에 도입된 노인장기요양보험은 노령 혹은 노인성 질환으로 일상생활이 어려운 노인의 일상생활을 지원한다. 일상생활이 어려운 노인은 건강보험공단에 요양등급판정을 요구하고, 등급판정을 받으면 재가급여와 시설급여를 받을 수 있다. 노인장기요양보험이 제공하는 급여를 이용하기 위해서는 일부 본인부담금이 필요하지만, 소득인정액에 따라 본인부담금 경감제도 등이 있기에 적절한 부담으로 서비스를 활용할 수 있다.

특히 치매나 중풍 등에 걸려 다른 사람의 도움을 일상적으로 받아서 생활할 수밖에 없을 때에는 노인요양시설, 요양병

원 등에서 생활하기도 한다. 현재는 본인부담금 한도액 때문에 요양병원을 선호하는 사람이 적지 않지만, 요양시설에서의 생활도 나쁘지 않다. 건강은 건강할 때 잘 챙겨야 하지만, 비록 건강이 나빠질 때에도 잔존능력을 최대한 활용하는 방안을 적극적으로 모색해야 한다.

건강관리 3대 요소는
음식, 운동, 인간관계이다

    모든 사람은 '생로병사(生老病死)'를 경험한다. 태어나면 언젠가 늙고 병들어 죽는다. 인간의 꿈은 '무병장수(無病長壽)'이지만 현실은 '유병장수(有病長壽)' 할 가능성이 크다. 건강하게 오래 살고 싶지만 늙으면 병이 들고 병든 상태로 상당기간 살게 된다. 따라서 많은 나라는 건강수명을 늘리는 데 보건의료를 집중시킨다.

    통계청에 따르면 우리나라는 최근 20년(1994~2014년)간 평균수명이 약 9.2세가 늘어났다. 한국인의 평균수명은 일본, 이탈리아 등 몇 나라를 제외하고 세계에서 가장 높은 수준이다. 하지만 선진국과 비교하여 건강수명은 짧다. 어떻게 하면 건강수명을 늘릴 수 있을지가 숙제이다.

    건강은 영양, 운동, 스트레스 관리에 의해 좌우된다. 몸에 좋은 음식을 먹고, 운동을 꾸준히 하며, 스트레스 관리를 잘하면 건강하게 살고, 이 중 어느 하나만 부족해도 건강관리가

어렵다.

　질병이 걸려 병원에 가는 것은 차선책이고 건강할 때 병원에 가는 것이 상책이다. 생애주기별로 필요한 예방접종을 잘 받는 것이 건강관리에서 매우 중요하다. 예방접종은 영유아기에 집중되어 있지만, 노인도 겨울철이 시작되기 전에 독감 예방접종 등을 하면 큰 도움이 된다. 아직까지 접종받지 않은 어르신이 있다면 보건소를 방문하여 예방접종을 받길 바란다.

건강수명을 늘릴 수 있다

　세계보건기구(WHO)에 따르면, 2030년 한국 여성의 기대수명은 90세를 넘겨 일본, 스위스, 싱가포르 등을 제치고 세계 1위 장수국가가 될 것이다. 한국인의 기대수명은 1970년 62.3세에서 2000년 76세(세계 32위), 2015년 82.1세(11위)로 크게 늘었다. 15년 만에 기대수명이 6년 늘어나 선진국 수준이고, 2030년에는 남성 84.1세와 여성 90.8세로 세계 1위이다.

　기대수명이 늘어난 이유는 교육수준과 생활수준이 높고, 건강에 관심이 많으며, 의료기회가 균등하고, 비만율과 혈압 등 만성질병이 다른 나라에 비교하여 낮은 편이기 때문이다. 하지만 한국인의 건강수명은 선진국에 비교하여 낮다. 2015년에 한국인의 건강수명은 73.2세이고, 건강하다고 느끼는 사람도 별로 많지 않다. 약 10년간 고혈압, 당뇨, 관절염 등 만성질환과 우울감에 시달리다 죽음에 이르기 쉽다.

　기대수명은 3년에 한 살씩 늘어나는데 건강수명이 별로 늘

지 않는다면 시급히 대안을 모색해야 한다. 단순히 걷기와 같은 운동보다는 근육을 늘리거나 보전하는 근력운동에 좀 더 역점을 두어야 한다. 만성질환의 관리와 연명치료 관련 정책을 바꾸고 죽음을 맞이하는 방식을 바꿀 필요가 있다.

한국인은 대부분 병원에서 태어나 병원에서 숨진다. 2015년에 사망자의 약 75%가 병원에서 죽고 나머지도 요양원 등 사회복지시설에서 죽은 경우가 많았다. 영국은 2008년에 병원 사망이 60%에서 2011년에 51%로 떨어졌지만, 한국은 반대로 가고 있다. 한국인 암 사망자의 90.6%가 병원에서 숨졌다.

75세 이상 고령자의 경우에는 많은 의료비를 쓰지만, 생명을 연장시키는 데 불과한 경우가 많았다. 호스피스 등 완화의료가 부족하고, 방문진료(왕진)와 방문간호 등 재가의료서비스가 발달되지 않아서 많은 환자가 병원 중환자실에서 산소호흡기로 생명만 연장하며 과도한 의료비를 지출한 경우가 많다. 노환으로 숨도 못 쉬고 음식도 먹지 못하는 사람의 생명을 연장시키기보다는 건강수명을 높이는 데 역점을 두어야 한다.

노인은 2년에 한 번씩 하는 건강검진을 받고 암 검진과 치매선별검사도 받아서 건강관리에 힘써야 한다. 건강은 먹는 음식, 평소에 하는 운동, 좋은 인간관계에 의해 좌우되기에 건강한 생활습관을 유지해야 한다. 고혈압, 당뇨 등 만성질환이 있는 경우에는 적절한 약물관리와 지속적인 운동 등으로 건강수명을 늘려야 한다.

중장년은 자녀교육에 대한 투자를 줄이고 자신의 건강관리와 노후 생활에 더 관심을 가져야 한다. 통계청에 따르면 한국인은 자녀 1인당 사교육비로 월평균 35만 원을 쓰기에 고등학교 졸업까지 사교육비로 5천만 원 이상을 쓴다. 중년 이후에는 자신의 건강과 노후자금에 투자해야 자녀에게 부담을 덜 주게 된다.

건강보험
제대로 활용하기

건강보험은 보험사고가 발생했을 때 국민이 의료서비스를 제공받을 수 있도록 평소에 보험료를 받아 기금으로 모아 두고 운영하는 사회보장제도이다. 각 개인의 경제적 능력에 따라 부담해 재원을 조성하고, 질병이 발생했을 때 보험료로 지급함으로써 각 가계의 경제적 부담을 덜어 준다. 개인적으로 또는 집단적으로 가입할 수 있고 정부가 지원하는 사회보험을 통해 제공될 수도 있다.

건강보험에 가입한 사람이나 그 가족은 요양급여, 건강검진, 요양비, 장애인보장구급여비, 임신·출산진료비를 받을 수 있다. 대부분의 국민이 병의원, 한방병의원, 치과병의원, 약국 등에서 받는 것은 요양급여이다.

환자는 병원이나 의원에 가면 진료비를 낸다. 진료비는 건강보험이 적용되는 것과 그렇지 않는 비급여가 있다. 건강보험이 적용되는 급여는 외래와 입원에서 본인부담비율의 차이가 있다. 환자가 병의원을 외래로 이용하면 의원 진료비의 30%, 병원은 40%, 종합병원은 50%, 상급병원(흔히 대학병원)은 60%가량을 본인이 부담해야 한다. 입원을 하면 건강보험이 적용되는 진료비의 80%는 보험처리가 되고, 20%는 환자가 부담한다. 환자는 건강보험 급여 중 본인부담분과 비급여 진료비의 합계를 내야 한다.

노인은 건강보험에 가입한 가족의 피부양자로 요양급여 등을 받는 경우가 많다. 하지만 노인이 건강보험의 피보험자인 경우에는 보험료를 감면받을 수 있는 방법이 있다.

국민건강보험의 지역가입자 중 만 65세 이상 노인이 있는 세대는 월소득이 360만 원 이하이고 재산이 6,000만 원 이하는 보험료의 30%, 재산이 9,000만 원 이하는 20%, 재산이 1억 3,500만 원 이하는 10% 경감을 받을 수 있다. 당사자의 신청이 없어도 주민등록상 만 65세가 도래한 날의 다음 달부터 일괄 적용된다. 70세 이상 노인 가입자만 있는 세대(부부인 경우는 배우자가 70세 이하라도 인정 가능)는 만 70세가 도래한 날이 속한 달의 다음 달부터 월소득이 360만 원 이하이고 재산이 1억 3,500만 원 이하면 보험료의 30% 경감을 받을 수 있다.

21세 미만 직계비속을 부양하는 한부모가족 세대(조손가족 포함)와 55세 이상 여자 단독세대는 65세 이상 노인이 있는 세대와 같은 조건으로 건강보험료 경감을 받을 수 있다. 건강보험료의 감면은 65세 이상 노인은 별도로 신청하지 않아도 일괄 적용되지만, 조손가족과 55세 이상 여자 단독세대는 당사자가 구비서류를 갖추어서 신청해야 한다.

건강검진을
받을 때 암검사도 받는다

건강검진만 잘 받아도 건강을 지키는 데 큰 도움이 된다. 건강검진은 일반건강검진, 암 검진, 생애전환기건강진단, 영유아건강검진이 있는데, 일반건강검진을 충실하게 받는 것이 기본이다.

일반건강검진은 건강보험에 가입한 지역세대주, 직장가입자, 만 20세 이상 세대원과 피부양자가 매 2년마다 1회(비사무직은 매년) 무료로 받을 수 있다. 지역가입자는 집으로, 직장가입자는 직장으로 건강검진표가 오기에 검진기관(병원)을 선택해 가거나 직장으로 검진기관이 찾아올 때 받으면 된다. 매년 혹은 2년에 한 번씩 반드시 건강검진을 받는 것이 중요하다.

생애전환기건강진단은 만 40세가 될 때 일반건강검진의 항목에 암 검진 등이 포함되고, 66세가 될 때에는 골밀도검사, 노인신체기능검사 등이 추가되어 받을 수 있다. 본인이 원하면 음주·운동·영양·비만 등 생활습관검사, 우울증·치매

선별검사, 고혈압 · 당뇨 2차 확진검사도 무료로 받을 수 있다.

일반건강검진을 받을 때 암 검진을 함께 받는 것이 좋다. 본인이 필요해서 암 검진을 받으면 비용이 많이 들지만, 일반건강검진을 받을 때 암 검진도 함께 받으면 경제적이다. 의료급여 수급자와 건강보험가입자와 피부양자 중 소득 하위 50%에 해당되는 사람은 6대 암 검진을 무상으로 받을 수 있다.

자궁경부암은 20세 이상 여성이 2년에 한 번, 위암은 40세 이상 남녀가 2년에 한번씩, 유방암은 40세 이상 여성이 2년에 한 번, 간암은 40세 이상 남녀로 간경변증이나 B형 간염바이러스 항원 또는 C형 간염바이러스 항체 양성으로 확인된 사람이 6개월에 한 번, 대장암은 50세 이상 남녀가 1년에 한 번 무상으로 받을 수 있다. 2019년부터 만 54~74세 남녀 중 30갑년(하루에 담배 한 갑씩 30년을 피운 것) 이상 흡연력을 가진 흡연자가 폐암 검진을 받을 수 있다. 암 검진은 자신의 생년을 기준으로 홀수 해에 태어난 사람은 홀수 해, 짝수 해에 태어난 사람은 짝수 해에 검진을 받으면 된다. 그 기간을 놓치면 다음 해에 검진을 받을 수 있다.

조직검사 결과, 암환자로 확진된 경우에는 조기에 치료를 받는다. 암환자로 등록하면 건강보험 요양급여에 대한 본인부담금을 낮추어 주고, 암치료비 지원사업과 재가 암 관리사업을 받을 수도 있다. 암환자라면 사는 지역의 보건소에 등록하는 것이 좋다.

암치료비지원사업 등을 받기 위해서는 진단서, 건강보험료 납입확인서(건강보험가입자와 폐암환자), 통장사본, 의료급여 수급증 또는 건강보험증 사본, 치료비 영수증 등을 보건소에 제출해야 한다. 암환자가 사망하였다면 사망진단서, 호적등본 등을 추가로 제출하면 사망 시점까지 치료비를 지원받을 수 있다.

암·희귀난치질환 등록자는 입원·외래·약국을 불문하고 등록일부터 5년간 본인부담금을 경감받는다. 등록 암환자는 총 진료비의 5%만 환자가 부담하고, 미등록 시에는 외래 시 총 진료비의 20%를 본인이 부담해야 한다. 암환자는 보건소에 등록만 해도 진료비를 20%에서 5%로 획기적으로 줄일 수 있다. 다만, 건강보험으로 처리된 진료비에 대한 본인부담금이 5%이고, 지정진료와 비급여 항목은 본인부담이기에 건강보험으로 요양급여를 받는 것이 부담을 줄일 수 있다.

국가 암 조기검진 대상자와 암치료비 지원 대상자 중 건강보험료 부과액이 지역·직장 가입자의 하위 50%에 해당되는 사람은 국가로부터 암치료비를 지원받을 수 있다. 암치료

비 지원범위와 지원한도액은 치료비 중 법정 본인부담금에 대해 연간 200만 원까지 지원받을 수 있다. 대상 질병은 위암(C16), 유방암(C50), 자궁경부암(C53), 간암(C22), 대장암(C18~C20) 등이다.

건강검진을 받은 후 그 결과를 자세히 알려면, 국민건강보험공단이 운영하는 '건강iN'을 검색하는 것이 좋다. 누구든지 국민건강보험공단을 접속하여 '건강iN'에 들어가면 건강정보를 볼 수 있다.

인터넷을 검색하면 수많은 건강정보가 넘쳐난다. 이 중에 유익한 것도 많지만 검증되지 않는 정보가 적지 않다. 일반인이 경험을 바탕으로 올린 건강정보는 일반화시키는 데 한계가 있다. 또한 제약회사 등에서 상품을 팔기 위해 정보를 과장해서 올리는 경우에는 피해가 클 수도 있다.

따라서 국민건강보험공단에서 전문가들과 함께 만든 '건강iN'을 활용하는 것이 좋다. 이전에 받은 자신의 건강검진 결과를 비교할 수 있고, 건강에 대해 궁금한 사항을 질문하면, 건강지원센터장으로부터 답변을 받을 수도 있다.

본인부담금 한도액 제도를
활용한다

　건강보험은 진료비 '본인부담금상한제'를 적용하고 있다. 건강보험에 가입한 개인과 그 가족은 진료비의 일정한 비율만 지불하고 요양급여 등을 받을 수 있다. 일반적으로 외래로 진료를 받을 때는 이용자가 의원 진료비의 30%, 병원은 40%, 종합병원은 50%를 부담하며, 입원은 요양취급기관의 종류에 상관없이 20%를 부담한다.

　전체 진료비 중에는 건강보험이 적용되는 것과 적용되지 않는 것이 있는데, 진료를 받은 사람은 건강보험으로 처리되는 급여만 일정한 비율을 부담하고, 나머지 진료비는 전액 부담해야 한다. 건강보험에서 진료비의 일정한 비율이 처리되더라도 본인부담금이 너무 많으면 진료를 꺼리거나 경제적 부담을 느낄 수 있다. 이에 국가는 고액·중증질환자의 과도한 의료비로 인한 경제적 부담을 덜어 주기 위해 연간 본인일부부담금(비급여, 선별급여 등 제외)의 총액이 개인별 상한

금액을 초과하는 경우에 건강보험공단이 부담하는 '본인부담
금상한제'를 시행한다.

본인부담금상한액, 소득분위별로 다르다

본인부담금상한액은 소득분위별로 다르다. 소득 10분위를
기준으로 낮은 사람은 본인부담금이 연간 80만 원만 넘으면
나머지 금액은 모두 보험으로 처리되고, 소득분위가 높아질
수록 본인부담상한액이 높아진다.

2013년에는 3단계로 소득 5분위 이하는 본인부담상한액이
200만 원, 6~8분위는 300만 원, 9~10분위는 400만 원이었
다. 2014년에는 7단계로 세분되어서 1분위 120만 원, 2~3분
위 150만 원, 4~5분위 200만 원, 6~7분위 250만 원으로 낮
추고, 8분위 300만 원, 9분위 400만 원, 10분위 500만 원으로
증액되었다. 이후 전년도 소비자물가수준 상승률만큼 증액
되었다.

2018년부터는 소득 하위 50%는 본인부담상한액을 크게 낮
추고, 상위 50%는 물가수준 상승률만큼만 인상하기로 했다.
소득이 가장 낮은 1분위는 본인부담상한액이 80만 원으로,
2~3분위는 100만 원, 4~5분위는 150만 원으로 낮아진다. 하

위 50%의 본인부담금은 대폭 낮아졌지만, 상위 50%의 부담은 거의 늘지 않는다. 전년도 기준에 소비자물가지수 변동율이 적용된다.

본인부담금상한제, 건강보험 보장성 높인다

본인부담금상한제로 인하여 소득이 높은 사람도 연간 건강보험으로 처리되는 진료비가 514만 원을 넘으면 본인부담금이 면제된다. 소득 하위 50%의 본인부담금상한액이 인하되어 상한액을 초과하는 진료비는 건강보험공단에서 처리되기에 환자와 가족의 부담이 그만큼 줄어든다.

본인부담금상한제를 2017년에 비교하여 하위 50%의 경우 대폭 인하한 것은 건강보험의 보장성을 높이기 위한 조치이다. 고소득층은 진료비의 본인부담금이 그리 큰 부담이 되지 않지만, 저소득층은 진료비 본인부담상한액이 연소득의 10% 이상이기에 고액의 진료를 망설이게 된다. 2017년의 경우 소득 하위 10% 가구의 연소득 대비 본인부담상한액의 비율은 19.8%였다. 고액 진료비를 내야 하는 의료행위는 건강보험이 적용되는 비급여항목이 적지 않고, 간병비, 치료를 받느라 돈을 벌지 못한 것 등을 고려하면 부담은 크게 늘어나기에 본

인부담금상한액을 낮추는 것은 바람직한 조치였다.

　보건복지부는 2018년 본인부담금상한제의 조정으로 소득 하위 50%는 연간 40~50만 원의 의료비가 줄고, 한 해 동안 약 34만 명이 추가로 혜택을 받을 것으로 보았다.

본인부담금상한제 지급 방법과 절차는?

　본인부담금상한제는 사전급여와 사후환급으로 시행된다. 사전급여는 병원 등 요양취급기관이 환자의 연간 진료비 총액을 쉽게 알 때에 시행한다. 어떤 환자가 동일 요양기관의 연간(매년 1월 1일부터 12월 31일까지) 입원 본인부담액이 최고상한액을 초과할 경우 요양기관에서 건강보험공단에 청구

한다. 어떤 환자가 특정 병원에 입원해서 그 입원비가 최고 상한액을 넘으면 그 금액을 건강보험공단에 청구한다는 뜻이다.

환자가 여러 요양취급기관을 이용한 경우에는 특정 기관이 그 환자가 얼마만큼의 본인부담금을 냈는지를 알 수 없기에 사후환급을 활용한다. 사후환급은 상한액기준보험료 결정 전·후로 지급된다. 상한액기준보험료(개인별 연평균보험료)와 관련 지역가입자는 세대, 직장가입자 및 피부양자는 가입자 보험료(다음 연도 4월에 정산된 확정보험료)를 기준으로 한다.

만성질환이라면
단골 의원으로 간다

　65세 이상 노인이 의원에서 외래진료를 받으면 본인부담금이 더 낮아질 것이다. 2001년부터 국가는 노인이 의원급 의료기관에서 외래진료를 받으면 총 진료비가 1만 5,000원 이하면 일률적으로 1,500원만 부과하고, 이를 초과하면 진료비 총액의 30%를 본인에게 부담하게 했다.

　개선방안은 총 진료비 액수에 따라 본인부담금의 비율을 조금씩 인상하는 것이다. 총 진료비가 1만 5,000원 이하면 본인이 1,500원을 내고, 총 진료비가 1만 5,000원 초과~2만 원 이하이면 본인부담율은 10%, 2만 원 초과~2만 5,000원 이하이면 20%, 2만 5,000원 초과하면 30%로 차등 적용하는 것이다. 이렇게 되면 총 진료비가 늘어나도 노인 본인부담금은 2만 원에 2,000원, 2만 5,000원에 5,000원으로 부담이 적기 때문이다.

　틀니와 임플란트 시술에 대한 건강보험 적용 연령이 65세 이상으로 확대되었다. 틀니와 임플란트의 건강보험은 2012년 7월에 75세 이상에게 적용되었고, 2015년 7월에는 70세 이상, 2016년 7월부터 65세 이상으로 확대되었다.

틀니와 임플란트 시술에 건강보험을 적용하면 시중 가격의 절반으로 시술을 받을 수 있다. 노인은 어금니와 앞니 등 평생 2개의 임플란트와 틀니 시술을 건강보험 수가로 받을 수 있다. 틀니나 임플란트가 필요한 노인은 치과에 가서 진료를 받아 시술이 필요하다는 판정을 받은 후에 시술동의를 하여 등록하면 된다. 건강보험이 적용되지 않는 틀니와 임플란트의 시술 가격은 치과마다 조금씩 다르다.

의료급여를 적극 활용한다

의료급여는 가구 소득인정액이 기준 중위소득의 40% 이하일 때 선정되어, 필수 의료서비스를 낮은 본인부담률로 받을 수 있다. 근로능력이 없는 1종 가구는 외래 진료에 1000~2000원을 내고 입원은 무료이며, 근로능력이 있는 2종 가구는 외래와 입원 진료비의 10~15%를 낸다. 의료급여 수급자는 건강보험료를 내지 않기에 싼 값으로 의료를 이용할 수 있다.

의료급여는 건강보험 보장성 강화와 연계해 보장성을 지속적으로 확대할 계획이다. 의료급여 수급자 본인부담 상한을 연간 120만 원에서 80만 원까지 인하하여 본인부담금이 이를 넘으면 나머지 진료비를 정부가 부담한다. 6~15세 이하 아동에 대한 본인부담금도 10%에서 3% 수준으로 낮춘다. 노인 수급자의 틀니 · 임플란트 본인부담을 대폭 경감하고(틀니 1종 의료급여는 20%에서 5%로, 2종 의료급여는 30%에서 15%로, 임플란트 1종 20%에서 10%로, 2종 30%에서 20%로), 중증 치매환자에 대한 본인부담도 함께 완화[2종 입원 10%에서 5%로, 외래 (병원급 이상) 15%에서 5%로]하기로 했다.

의료급여 수급권자는 부양의무자가 없거나, 있어도 부양능력이 없거나 부양을 받을 수 없는 사람으로서 가구당 소득인정액이 기준 중위소득의 40% 이하인 사람이다. 의료급여 수급권자는 1종과 2종으로 구분된다. 1종 수급권자는 18세 미만 아동과 65세 이상 노인, 중증 장애인 등 근로 무능력자로 구성된 세대이다. 여기에 이재민, 의사상자, 국가유공자, 무형문화재보유자, 북한이탈주민, 광주민주화보상자, 입양아동(18세 미만), 행려환자 등이 포함된다. 2종 수급권자는 국민기초생활보장 수급권자 중 1종 수급권자 기준에 해당되지 않는 사람이다. 대체로 18세 이상 65세 미만으로 일하여 돈을 버는 사람이 있는 세대이다.

치매,
예방하고 관리할 수 있다

 인구의 고령화와 함께 가장 무서운 병 중 하나가 치매이다. 치매의 사전적 정의는 '인지 기능의 장애로 인해 일상생활을 스스로 유지하지 못하는 상태'이지만, 그 원인이 다양하기에 예방과 치료방법도 복잡하다.

 치매를 일으키는 가장 흔한 질병은 알츠하이머이다. 미국 레이건 대통령과 영국 대처 수상도 알츠하이머로 고생했고, 현대 의학으로도 예방과 치료가 어려운 질병이다. 치매는 알츠하이머, 파킨슨 병 등과 같이 퇴행성 뇌질환으로 뇌세포가 감소되거나 판단에 필요한 뇌의 연결이 깨지면서 인지 기능이 떨어지게 된다. 원인 질환의 대부분이 퇴행성 질환이므로 노년에 발생률이 증가한다.

 치매 유병률은 한국의 경우 약 9.0%로 노인 70만 명이 치매 환자로 추정되고 있다. 노인성 치매는 70대 중반과 80대 초반에 많이 발생되고, 나이가 들수록 더 많이 발병하므로 평균수명이 증가되면 치매 유병률도 10%를 넘어설 것이다. 학자들은 우리나라 치매환자의 수가 2025년에 100만 명, 2050년에는 271만 명이 될 것으로 본다.

흔히 치매는 불치병으로 알려져 있는데, 일부 치매는 원인을 치료하면 완치되거나 크게 완화될 수 있다. 뇌경색과 뇌출혈에 의해 뇌가 손상되어 발생하는 치매는 뇌졸중 등을 치료하면 완치되거나 상태가 크게 호전될 수 있다. 알코올성 치매는 술을 끊으면 크게 나아질 수 있다. 전체 치매의 약 10%는 완치되거나 크게 호전될 수 있으므로 치료를 포기해서는 안 된다.

하지만 알츠하이머, 파킨슨병 등에 의한 치매는 퇴행성 뇌질환으로 기억력, 전두엽 기능 등의 장애로 시작해서 서서히 나빠져 치매노인과 수발 가족에게 큰 육체적 고통과 심적 고통을 주기에 예방과 함께 체계적 관리에 초점을 두어야 한다.

치매 예방에서 중요한 것은 영양, 운동, 좋은 인간관계이다. 치매 예방에 효과가 있다고 알려진 식품은 초석잠, 천마, 해바라기씨, 호두, 닭가슴살 등인데, 모든 음식을 고루 알맞게 먹는 것이 좋다. 노인은 혼자 혹은 부부만 사는 경우가 많아서 세끼 식사를 잘 챙기지 못하거나 밑반찬으로 식사를 때

우는 경우가 많은데 고른 영양 섭취는 치매 예방과 건강을 위해서 좋다. 매일 산책하기와 같이 햇빛을 받으며 운동하는 것이 좋다. 가족과 친구 그리고 이웃과 인간관계를 잘 하는 것이 치매 예방의 지름길이다.

아무리 잘 관리해도 치매의 발병 자체를 피할 수 없으므로 조기검진으로 약물관리를 잘 하는 것이 매우 중요하다. 치매가 의심되면 가족과 함께 보건소를 방문하여 치매선별검사를 받아야 한다. 치매선별검사는 무료이고, 이 검사 결과로 의심이 든다고 판단됐을 경우, 정밀검사로 치매를 진단받고 전문병원에서 감별검사를 받아서 약물관리를 시작할 수 있다.

치매 발병 후에 약물관리를 얼마나 빨리 하느냐에 의해서 환자의 삶의 질은 하늘과 땅 차이가 난다. 노인 건망증이라고 방치하면 본인과 가족이 큰 고통 속에 살게 되지만, 빨리 진단하여 약물치료를 받으면 10년 이상 일상생활을 할 수 있다. 치매 진단을 받더라도 식사를 잘 하고 화장실만 혼자 갈 수 있어도 삶의 질이 크게 달라진다.

치매환자로 진단받으면 병원에서 약물치료를 시작하고, 보건소에 등록하여 약값을 지원받을 수 있다. 치매치료관리비는 가난한 사람만 받는 것이 아니라 전국 가구 평균소득

100% 이하 가구라면 받을 수 있다. 해당 가구는 보건소에 신청만 하면 매월 3만 원의 범위에서 연간 36만 원까지 치매 약값을 지원받을 수 있다.

치매치료관리비는 신청한 사람에게만 주므로 대상자 본인 명의 통장 사본 1부와 치매치료가 포함된 약처방전 또는 약품명이 기재된 약국 영수증, 건강보험증 또는 의료급여증과 함께 관할 지역 보건소에 신청하면 통장으로 입금된다. 신청서 양식은 보건소나 홈페이지에서 받을 수 있다. 치매 진단을 받으면 약물관리를 철저히 하고 보건소에 약값을 꼭 신청하기 바란다.

가족 중에 치매환자가 있다면 건강보험공단에 노인장기요양보험을 신청하여 요양등급을 받아 인지활동형 프로그램 등을 지원받을 수 있다. 치매환자는 주·야간보호시설을 이용할 수 있고, 주 3회 이상 방문요양, 월 1회 이상 방문간호도 받을 수 있다. 월 본인부담금은 10만 원 내외이다. 치매환자는 인지능력은 떨어져도 정서적 기능은 살아 있으므로 화를 내거나 야단을 치면 마음의 상처를 받기 쉽다. 실수를 하더라도 공감하고 따뜻하게 대하면 친밀감을 나눌 수 있다. 노인성 치매는 예방하고 관리할 수 있다.

몸이 아프면 마음도 아프다

　사람들이 소리 없이 스스로 목숨을 끊고 있다. 2017년에만 1만 2,463명이 세상을 등졌다. 질병과 가난 속에 죽음을 택하는 노인들, 성적이나 장래를 비관하는 청소년들, 혼자 사는 중년 등 자살자는 늘어 간다. 한국인의 자살률은 세계에서 가장 높다. OECD의 통계에 따르면, 한국은 인구 10만 명 당 자살률이 28.7명으로 회원국 중 1위다. 2위인 일본(18.7명)보다 10명이나 많다. '자살'을 넘어 '살자'로 가는 길을 찾아야 한다.

자살 원인은 추론할 수 있다

　사람들이 사는 이유가 다양하듯이 스스로 죽음을 택하는 이유도 다양하다. 죽은 사람은 말이 없기에 '자살' 원인을 파악하기는 쉽지 않다. 유서를 남긴 사람이 있지만, 그렇지 않은 사람도 있다. 유서 내용이 모든 이유가 아닐 수도 있다.

관심을 가지면 주요 원인을 찾을 수 있다. 시도하였지만 살아남은 사람에게 묻거나, 자살생각을 갖는 사람에게 물어 원인을 찾을 수도 있다. 여론조사기관 12개가 모인 비영리 공공조사 네트워크인 '공공의창'은 자살위기자들의 경우 지역별로 연령·세대구성 등은 달랐지만 주택 면적이나 점유형태에서는 공통점이 있었다. '20평 이하' 집에서 '월세'로 사는 사람의 비율이 가장 높았다. 자살은 가난하고, 몸과 마음이 병들어서, 사회적 관계가 취약해서 일어나는 현상이다. 복지대책을 잘 세우면 자살률을 낮출 수 있다.

가난, 질병, 외로움으로 죽는다

충남광역정신건강복지센터 등은 2014년부터 2016년까지 한 지방 대도시에서 발생한 자살 사건 169건의 자료와 유가족 면담, 지역 특성 등을 분석하였다. 자살자 평균 나이는 45.2세로 20~50대가 전체의 68.1%이고 남성이 여성보다 2.27배 많았다. 이들은 33.7%가 1인가구였고, 절반 이상이 원룸 등 다세대주택(50.3%)이나 고시텔·여관 등(6.6%)에서 살았다.

또한 도시개발에 밀려 슬럼화된 구도심, 도시 외곽의 대규모 아파트단지, 도시 난개발에 따른 유흥가와 신축 원룸 혼합 지

역 등에서 많이 발생했다. 가난한 사람이 혼자 외롭게 살다가 죽음에 이른 경우가 많은 것이다.

20평 이하 집에서 월세로 사는 사람이 스스로 목숨을 끊는 경우가 많다는 것은 '빈곤'이 거의 모든 자살의 기저요인이라는 것을 알려 준다. '돈이 돈을 버는 자본주의 사회'에서 가난한 사람은 살아가기가 퍽퍽하다. 숨만 쉬고 있어도 돈이 들어가고, 아무리 생활비를 아껴도 지출이 생기는 상황에서 경제적으로 쪼들리면 생을 마감할 생각을 하기 쉽다.

자살시도자를 체계적으로 지원해야 한다

자살생각을 한 사람 중 일부는 직접 시도한다. 이들 중 일부는 응급조치를 받아서 목숨을 구하지만, 다시 시도하는 경우가 많다. 종합병원 응급실에서 생명을 살렸더라도 집으로 돌아가면 문제는 그대로 있기 때문이다. 빈곤, 질병, 외로움 때문에 시도하는데, 목숨을 살렸더라도 문제는 그대로 있기에 반복해서 시도한다.

통계에 따르면, 자살시도 건수는 사망자의 20~40배이기에 자살시도자에 대한 의료·복지·법적 서비스를 제대로 갖추면 획기적으로 줄일 수 있다. 응급실에 실려 온 자살시도자를 지원하는 '생명사랑위기대응센터'가 전국에 42개 있지만 아직은 시범사업에 그치고 있다. 보건복지부는 자살예방 전담부서를 만들겠다고 하는데, 지금 당장 작업팀을 만들어서 개선방안을 강구해야 한다.

　모든 자살시도자는 거주지 시·군·구 희망복지지원단과 연계하여 사례관리를 시작해야 한다. 기초생활보장이나 긴급복지 수급자를 선정할 때, 소득과 재산기준 등이 있지만, 에이즈 환자나 한센병자 등에게는 특례를 적용하여 지원하듯이 죽음의 문턱에 간 사람에게는 일정기간 동안 특례를 적용하여 일단은 생존대책을 세우고 삶의 기쁨을 누릴 수 있도록 해야 한다.

　질 낮은 주택에서 사는 사람들이 사회적 관계를 형성할 수 있는 계기를 높여야 한다. 도시빈민 밀집지역에는 사회복지관, 노인복지관 등 주민이 이용할 수 있는 복지시설이 있지만, 원룸과 고시원 밀집지역에는 복지시설이 많지 않다. 주민들이 자유롭게 소통할 수 있는 작은 공간(예, 사회복지관)을 늘리고 손쉽게 이용할 수 있는 체계를 구축해야 한다. 주택 단지를 조성할 때는 어린이놀이터와 노인정과 같은 교류공간을 의무적으로 만들 듯이 헬스장, 카페, 작은 도서관 등으로 확대시켜야 한다.

읍·면·동 행정복지센터 등 공공시설에도 주민들이 부담감 없이 자유롭게 이용할 수 있는 공간과 프로그램을 늘려야 한다. 공간 이용시간대를 평일 낮 시간에서 주말 밤 시간까지 늘리고, 온·오프라인 소통을 함께 하여 삶의 즐거움을 누리도록 해야 한다. '자살'을 거꾸로 보면 '살자'이다. 모든 사람이 삶의 기쁨을 누려 '자살생각'이 사라지게 해야 한다.

참고: 중앙자살예방센터(http://www.spckorea.or.kr)

노인장기요양보험을
잘 활용한다

「노인장기요양보험법」제1조는 "이 법은 고령이나 노인성 질병 등의 사유로 일상생활을 혼자서 수행하기 어려운 노인 등에게 제공하는 신체활동 또는 가사활동 지원 등의 장기요양급여에 관한 사항을 규정하여 노후의 건강증진 및 생활안정을 도모하고 그 가족의 부담을 덜어 줌으로써 국민의 삶의 질을 향상하도록 함을 목적으로 한다."라고 규정되어 있다. 이 법의 적용을 받는 사람은 65세 이상과 치매·뇌혈관성 질환 등 대통령령으로 정하는 노인성 질병을 가진 65세 미만인 자로서 일상생활을 스스로 하기 어려운 사람이다.

한국은 2008년 7월부터 노인장기요양보험을 시행하고 있다. 노인장기요양보험은 수급자에게 배설·목욕·식사·취사·조리·세탁·청소·간호·진료의 보조 또는 요양상의 상담 등 다양한 요양급여를 제공한다.

요양등급 판정

　장기요양인정신청서를 제출하면, 국민건강보험공단에 소속된 사회복지사와 간호사 등이 방문하여 신청자의 심신상태를 살펴보고 점수를 산정한다. 조사내용은 기본적 일상생활활동인 신체 기능 12개, 인지 기능 7개, 행동 변화 14개, 간호 처치 9개, 재활 10개 등 모두 52개 항목으로 이루어져 있다. 등급산정 방법은 52개 항목을 조사한 후에 '영역별 점수 합계'를 구하고, '영역별 100점 환산 점수'로 산정한다.

　이를 바탕으로 사회복지사, 의사 등 전문가로 구성된 등급판정위원회가 등급판정을 한다. 등급판정은 와상상태로서 거의 일상생활이 불가능한 상태를 최중증(1등급), 일상생활이 곤란한 중증의 상태를 중증(2등급), 상당한 장기요양보호가 필요한 상태를 중등증(3등급·4등급)으로 판정하고, 치매특별등급(5등급), 그 미만의 경우에는 등급판정에서 제외된다. 100점을 기준으로 하여 95점 이상은 1등급, 75점 이상 95점 미만은 2등급, 60점 이상 75점 미만은 3등급, 51점 이상 60점 미만은 4등급, 그리고 45점 이상 51점 미만인 치매환자는 5등급으로 판정된다.

재가급여와 시설급여

등급판정이 끝나면 국민건강보험공단에서 장기요양인정서, 표준장기이용 계획서를 받고, 수급자는 장기요양기관과 장기요양급여이용계약을 하면 서비스를 이용할 수 있다. 수급자는 자신의 심신상태와 부양 여건에 따라 재가급여나 시설급여 혹은 특별현금급여 등을 받을 수 있다.

재가급여는 방문요양, 방문목욕, 방문간호, 주·야간 보호, 단기보호 등이다. 수급자는 재가급여를 제공하는 장기요양기관인 재가노인복지시설에 신청하여 방문요양, 방문간호 등을 집에서 받을 수 있다. 요양보호사가 수급자의 집을 방문하여 방문요양 혹은 방문목욕을 제공하고, 간호사가 방문간호를 제공한다. 주·야간보호와 단기보호는 수급자가 노인복지시설에 가서 서비스를 이용할 수 있다. 재가노인복지시설은 이용자의 송영을 위해 차량을 운행하는 경우가 많다.

시설급여는 수급자가 장기요양기관이 운영하는 노인의료복지시설 등에 장기간 입소하여 심신기능을 유지·향상시키기 위해 목욕, 식사, 기본 간호, 치매 관리 등을 받는 것이다. 수급자와 가족은 노인요양공동생활가정이나 노인요양시설(요양원) 중에서 평판이 좋은 곳을 이용하는 것이 좋다.

특별현금급여는 가족요양비, 특례요양비, 요양병원간병비 등이다. 섬이나 오지로 주변에 요양시설이 없거나 폭력성 등으로 집단생활이 어려운 수급자는 가족이 서비스를 제공하고 '가족요양비'를 받을 수 있다. 또한 수급자는 일상생활 또는 신체활동 지원에 필요한 용구(휠체어 등)의 구입과 대여 서비스를 받을 수 있다.

수급자가 노인장기요양보험의 급여를 이용할 때에는 급여비의 일부를 부담해야 한다. 재가급여 비용의 15%, 시설급여 비용의 20%는 이용자가 부담한다. 수급자가 시설급여를 받을 경우에 식비와 간식비는 전액 자부담이다. 국민기초생활보장 수급자처럼 부담능력이 없거나 약한 사람은 국가와 지방자치단체로부터 본인부담금을 세금으로 지원받는다.

요양병원과 요양시설의 차이

요양병원과 요양시설은 비슷한 것처럼 보이지만 법적으로 전혀 다른 기관이다. 요양병원은 건강보험의 요양취급기관이고, 요양시설은 「노인복지법」상 노인의료복지시설이고 노인장기요양보험의 수가에 의해 운영된다.

건강보험에는 본인부담금 한도액이 있지만, 노인장기요양

보험에는 없기에 요양시설에 입소해야 할 노인이 요양병원에 입원하는 경우가 적지 않다. 식대도 건강보험 수가에는 반영되었지만, 요양보험 수가에는 반영되지 않아서 요양시설에 입소한 노인의 부담은 줄지 않는다. 건강보험과 노인장기요양보험 간의 차별을 없애야 수급자는 비용이 아닌 욕구에 따라 서비스를 선택할 수 있다. 노인은 건강상태와 욕구에 따라 최상의 서비스를 받을 수 있는 곳에서 인간다운 생활을 누릴 수 있어야 한다.

모든 노인은
장애인이 될 수 있다

　「장애인복지법」상 '장애인'이란 신체적 · 정신적 장애로 오랫동안 일상생활이나 사회생활에서 상당한 제약을 받는 자를 말한다. 대통령령으로 정하는 장애인의 종류는 15가지다. 「장애인복지법」상 장애인은 처음 지체장애인 · 시각장애인 · 청각장애인 · 언어장애인 · 지적장애인 5가지에 한정되었다.

　현재 장애인은 위 5가지에 뇌병변장애인 · 자폐성장애인 · 정신장애인 · 신장장애인 · 심장장애인 · 호흡기장애인 · 간장애인 · 안면장애인 · 장루/요루장애인 · 뇌전증장애인이 추가되어 있다.

　장애인복지는 대부분 '등록장애인'에게만 주어지기에 장애인은 읍 · 면 · 동 행정복지센터에 장애인 등록을 하는 것이 좋다. 장애인 등록증의 발급은 정부가 하지만, 신청은 당사자나 가족이 해야 한다. 어린 시절부터 장애가 있는 사람은 대체로 장애인 등록을 하지만, 노령으로 장애가 생겨도 장애인 등록을 하지 않으면 법정 장애인이 아니다. 등록하지 않는 장애인은 정부와 사회복지시설 등이 제공하는 장애인복지를 받기 어렵기에 일단 등록을 하는 것이 중요하다.

법정 장애를 가진 모든 사람이 장애인 복지급여를 받을 수 있는 것은 아니다. 우선, 자신이 살고 있는 읍·면·동 행정복지센터에 진단서 등 필요한 서류를 갖추어 장애인 등록을 신청하고, 법적으로 등록장애인이 되어야 복지급여를 신청할 수 있다. 장애인이라는 사실만으로는 복지급여를 받을 수 없고, 등록장애인이 되어야 한다. 장애인은 360가지가 넘는 각종 복지급여 중 본인에게 해당되는 것을 찾아서 신청해야 복지급여를 받을 수 있다.

장애인이 알아야 할 법은 「장애인복지법」 「장애인차별금지 및 권리구제 등에 관한 법률」 「장애인활동 지원에 관한 법률」 「장애인고용촉진 및 직업재활법」 「장애인 등에 대한 특수교육법」 「발달장애인 권리보장 및 지원에 관한 법률」 「정신건강증진 및 정신질환자 복지서비스 지원에 관한 법률」 등 매우 다양하다. 거의 모든 법에는 시행령, 시행규칙이 있고, 법령을 효과적으로 시행하기 위해 지침이 만들어진다.

그런데 장애인이 각종 법률을 비롯해 장애등급 판정기준, 복지시설 이용, 자립생활 지원, 일자리·주거문제, 발달장애인·정신장애인 권리를 이해하고 이를 효과적으로 행사하기는 쉽지 않다. 이 점에서 서울사회복지공익법센터가 만든 『장애와 권리』라는 책은 장애인과 가족에게 큰 도움이 될 것이다.

이 책에는 복지시설 이용, 일자리와 주거문제 등 장애인 당사자의 권리를 보장할 수 있는 내용 등이 함께 담겨 있다. 그동안 우리 사회에서 소홀히 취급됐던 발달장애인과 정신장애인의 권리를 자세히 다루고 있다. 공익법센터는 이 책을 홈페이지(http://swlc.welfare.seoul.kr)에 수록하여 누구든지 내려받을 수 있도록 하고 있다.

한편, 중증장애인으로 소득이 낮으면 장애인연금을 받을 수 있다. 장애인연금 지원대상은 만 18세 이상[만 20세 이하로서 「초・중등교육법」 제2조에 따른 학교에 재학(휴학 포함) 중인 분은 제외)의 등록 중증장애인(1급, 2급, 3급 중복) 중 소득인정액이 보건복지부장관이 매년 결정・고시하는 금액 이하(2020년의 경우에 배우자가 없는 중증장애인 월 122만 원이고, 배우자가 있는 중증장애인 월 195.2만 원)인 사람이다. 3급의 장애인으로서 3급에 해당하는 외에 장애가 추가로 하나 이상 있는 사람은 해당되지만, 4급+4급 중복합산으로 3급이 된 사람은 적용되지 않는다.

장애인연금은 기초급여와 부가급여로 구성되어 있다. 연금의 액수는 장애인의 경제수준, 집에서 사는지 보장시설에서 사는지에 따라 달라진다. 2020년에 생계・의료급여 수급자는 18~64세는 38만 원(기초급여 30만 원+부가급여 8만 원), 65세 이상은 부가급여 38만 원이다. 주거・교육급여 수급자는 37만 원(기초급여 30만 원+부가급여 7만 원), 65세 이상은 부가급여 7만 원이다. 기초생활보장 수급자가 아닌 장애인은 18~64세는 32만 원(기초급여 30만 원+부가급여 2만 원), 65세 이상은 부가급여 4만 원이다. 기초급여는 2019년 4월부터 25만 원에서 30만 원으로 인상되었다. 65세 이상 장애인은 기초연금을 별도로 받는다.

3.

일 할
권 리 가 　 있 다

3

일할 권리가 있다

최근 10년간 한국인의 평균수명은 약 5년 늘었다. 수명은 늘었지만 직장의 정년제는 별로 변화되지 않았기에 노인이 일할 기회는 별로 많지 않다. 공적 연금이 발달된 선진국에서 노인은 주로 연금으로 생활비를 충당하지만, 1988년에 국민연금이 도입된 한국에서 노인은 연금만으로 살기는 어렵다.

직장생활을 하다 정년 이후 재취업한 사람도 있지만, 생계를 위해 날일을 하거나 자영업을 하는 사람도 적지 않다. 통계에 따르면 노인의 이전소득은 매년 조금씩 늘지만 근로소득과 사업소득에 의존해서 사는 노인이 적지 않다. 많은 업종은 65세 이상을 채용하지 않기에 노인이 일할 수 있는 곳은 그리 많지 않다. 노인이 비교적 쉽게 일할 수 있는 직종은 남자는 경비, 청소 등 더럽고 힘든 일이고, 여자도 청소, 요양보호사 등 젊은 사람들이 꺼리는 일이다.

젊어서 국민연금에 하루라도 빨리 가입하고, 길게 가입하며, 보험료를 많이 내서 노령연금을 늘리는 것이 최선이지만, 이것도 노년에는 설계할 수 없다. 공무원연금, 군인연금, 사립학교 교직원연금을 타는 노인은 해외여행도 다니지만, 국민연금을 타는 노인은 상대적으로 삶의 여유가 없다.

소득 하위 70%에 해당되는 노인은 기초연금을 신청할 수 있고, 기초연금을 타는 사람은 '노인 일자리 및 사회활동 지원사업'에 참여할 수 있으니 연초에 꼭 신청하기 바란다.

어느 정도 노동력이 있는 사람은 '워크넷'을 통해 일자리를 찾는 것도 한 방법이다. 경력단절 여성은 여성새로일하기센터 등에 등록하여 구직활동을 하면 개인적으로 일자리를 찾는 것보다 쉽다.

정부는 노동시장에 진입하기 어려운 사람을 대상으로 사회적 기업 등을 만들고, 마을공동체 사업을 통해 일거리를 창출하도록 장려하고 있다. 노인은 건강이 허락하는 한 소일거리를 찾고, 지역사회에 기여하는 활동을 늘려야 한다. 사회공

헌활동은 다른 사람에게 도움을 줄 뿐만 아니라 자신의 삶을
더욱 풍요롭게 한다.

노인은 근로 · 사업소득보다
이전소득이 더 많다

    노인은 무슨 돈으로 사는가? 통계청이 가계금융복지조사를
분석한 결과, 가구주가 65세 이상인 가구의 2019년 평균 경
상소득은 212.5만 원이었다. 노인가구는 공적 이전소득이 가
장 많고, 근로소득이 사업소득보다 많았다. 이전소득의 비중
은 시간이 갈수록 더욱 커졌다.

근로소득에서 이전소득으로 바뀐다

    통계청 가계금융복지조사(2019)에 따르면, 가구주가 65세
이상인 가구의 평균 경상소득은 212.5만 원으로 밝혔다. 소
득원별 금액과 비율을 보면, 공적 이전소득은 79만 원(37.2%)
으로 재산소득 41.1만 원(19.4%), 근로소득 39.8만 원(18.7%),
사업소득 27.4만 원(12.9%), 사적 이전소득 25.2만 원(11.9%)
등 다른 소득보다 컸다.

    젊은 가구는 주로 근로소득 · 사업소득으로 살아가는데, 노

인가구는 근로소득과 사업소득이 줄고 공적 이전소득이 늘었다. 국민연금은 1988년에 도입된 후 2018년에 30년이 되었다. 국민연금에 가입했던 사람이 연금을 타고, 기초연금의 액수가 늘어나면서 공적 이전소득이 커졌다.

한편, 가구주가 60세 이상인 가구의 평균 경상소득은 387.7만 원이고, 그중 근로소득은 163.2만 원(2.1%), 사업소득 75.1만 원(19.4%), 재산소득 51.6만 원(13.3%), 공적 이전소득 79.3만 원(20.5%), 사적 이전소득 18.6만 원(4.8%)이었다. 60세 이상 가구에는 활발히 일하는 60~65세 미만이 포함되어 65세 이상보다 경상소득이 많고, 근로소득의 비중이 상대적으로 큰 것으로 나타났다.

공적 이전소득의 비중이 커졌다

공적 이전소득은 국민연금과 기초연금, 기초생활보장급여 등이다. 사적 이전소득은 비공식적으로 개인 간 이전되는 소득으로, 자녀가 부모에게 주는 생활비 등이 대표적이다.

노인가구의 소득에서 공적 이전소득은 79만 원(37.2%)으로 사적 이전소득 25.2만 원(11.9%)의 3.1배이었다. 노인가구의 이전소득이 젊은 시절에 낸 보험료에 의해 받는 국민연금 등 공적 연금과 국가가 세금으로 주는 기초연금과 국민기초생활보장 등이 주로 자녀로부터 받는 용돈보다 3배가량 많다. 노후의 삶이 자녀의 부양 능력과 용돈에 의해 결정되는 것이 아니라, 공적 이전소득에 의해 좌우되는 것은 노인의 삶이 선진국형으로 바뀌고 있다는 것을 알려 준다.

공적 이전소득에서 기초연금이 크다

노인가구의 공적 이전소득은 1990년대까지만 해도 월평균 2~7만 원에 그쳤다. 외환위기 이후 2000년에 국민기초생활보장제도가 도입되었고 미국발 세계금융위기 이후인 2008년에 기초노령연금에 이어 2014년 7월에 기초연금으로 확대되었다.

공적 이전소득의 증가에는 기초연금액이 큰 영향을 주었다. 2008년부터 시행된 기초노령연금은 노인 중 소득 하위 70%에게 매달 9만 9,100원을 주었다. 2014년 7월부터 '기초연금'으로 이름이 바뀌고, 하위 70% 노인에게 단독가구는 국민연금과 연계하여 2만 원에서 20만 원까지, 부부가구는 단독가구 2배의 80%까지 지급했다. 2019년부터 소득 하위 20%에게 30만 원으로 증액되고, 2020년부터 소득 하위 40%에게 30만 원과 나머지 노인에게 25만 원까지 지급된다.

공적 이전소득은 노후 생활을 하기에 충분하지 않고 국민연금 등 공적 연금보다는 세금으로 조성되는 기초연금과 기초생활보장 생계급여가 적지 않아서 지속 가능성이 우려된다.

사적 이전소득은 감소되고 있다

공적 이전소득은 지속적으로 늘어났지만, 사적 이전소득은 상대적으로 감소되었다. 사적 이전소득은 2013년 22.5만 원(13.4%)에서 2019년 25.2만 원(11.9%)으로 다소 늘었지만, 그 비중은 1.5% 포인트나 줄었다.

사적 이전소득이 상대적으로 줄어든 것은 전통적 효를 기반으로 둔 가족주의가 약화되었다는 뜻이다. 부모 부양에 대한 자녀의 의식이 옅어지는 대신 국가나 사회가 노후를 책임져야 한다는 인식이 커졌다. 통계청의 인구주택 총조사를 보면, '부모 부양의 책임자'로 가족을 꼽은 비율은 1998년 89.9%에서 2008년 40.7%, 2016년 30.6% 등으로 떨어졌다. 국가와 사회가 부양책임이 있다는 응답은 1998년 2.0%에서 2008년 47.4%, 2016년 50.8% 등으로 크게 높아졌다.

외환위기를 거치면서 실업률이 높아지고 비정규직이 늘어나면서 소득양극화가 심화되었고 젊은 층의 소득이 줄었다.

과거에는 부모가 자녀를 낳고 키우면 자녀는 성장하여 늙은 부모를 봉양한다는 세대 간 품앗이가 있었지만, 이제는 세대 간 소득재분배를 위한 기반이 취약해졌다.

노후 소득대책을 제대로 세워야 한다

노인가구의 평균 경상소득에서 이전소득은 104.2만 원으로 전체의 49.0%이지만, 근로소득과 사업소득도 67.2만 원으로 전체의 31.6%를 차지한다. 따라서 공적 이전소득을 키우는 것이 바람직하지만, 근로소득과 사업소득도 유지시키는 것이 바람직하다.

노인복지의 핵심은 소득보장과 건강보장이고, 일을 통한 복지에 대해서도 좀 더 체계적인 접근이 필요하다. 많은 노인이

일하고자 하고 또 일하면서 기쁨을 누리기에 노인 일자리를 보전하고 노인에게 적합한 일거리를 찾는 것이 중요하다.

또한 공적 이전소득에서 주로 보험료로 조성되는 국민연금을 늘려 세금으로 조성되는 기초연금과 기초생활보장 생계급여를 낮추어야 한다. 이를 위해서는 18세 이상 모든 국민이 국민연금에 가입하도록 장려하고, 18세가 되면 국민연금의 가입을 '인생선물'로 주는 사회운동을 펼쳐야 한다.

노인 일자리 및
사회활동 지원사업

　나이가 들면 노동시장에서 일자리를 찾기가 어렵다. 최저임금은 연령에 상관없이 적용되어 2020년에 시간당 8,590원이고 매년 조금씩 인상되는 경향이 있다. 사용자는 같은 임금이면 젊은 사람을 쓰려는 경향이 있다.

　노동시장에서 배제되기 쉬운 노인이 할 수 있는 일은 점차 줄어든다. 이에 정부는 세금을 풀어 '노인 일자리 및 사회활동 지원사업'을 실시한다. 대개 참가자 모집을 1월에 하기에 관심 있는 사람은 시·군·구 홈페이지를 검색하고, 주변 사람들과 정보를 나누기 바란다. 노인 일자리사업은 매년 늘어나지만 늘 수요에 미치지 못해 관심 있는 사람은 꼭 신청하기 바란다.

　참여대상은 지역 내 거주 만 65세 이상 기초연금 수급자 중 신체활동이 가능한 노인(시장형은 만 60세 이상)이며 참여 신청서, 주민등록등본, 신분증을 준비해 주소지 읍·면·동 행정복지센터나 수행기관에 신청하면 된다. 다만, 「국민기초

생활 보장법」에 의한 생계·의료급여 수급자(국가유공자, 북한이탈주민인 경우 의료급여 1종은 참여 가능), 정부부처와 지자체에서 추진 중인 일자리사업 참여자는 제외된다.

주요사업으로 클린봉사단, 스쿨존 교통지원사업, 불법주정차 계도사업 등 공익활동형과 실버강사 파견, 워킹맘 가정보조서비스 지원, 실버예술활동 지원사업 등 시장형이 있다.

참여자 선발은 수행기관에서 선발 기준표에 의한 고득점 순으로 선발해 2월 말까지 최종 참여자를 확정하고 3월부터 사업을 추진한다. 근무조건은 공익활동형의 경우 월 30시간 이상(일 3시간 이내) 근무하고 월 27만 원의 활동수당이 지급되며, 시장형의 경우 사업단 자체 운영 규정에 따라 정해진다.

노동능력이 있는 사람은
자활해야 한다

　자활급여는 수급자의 자활을 돕기 위해 필요한 금품의 지급과 대여, 근로능력의 향상과 기술 습득의 지원, 취업 알선, 근로 기회의 제공 등을 포함하여 일을 조건으로 받는다. 자활급여는 일을 통한 복지이고, '생산적 복지'의 상징처럼 인식되었다.

　자활급여 수급자는 가구 소득인정액이 최저생계비보다 낮으면서 근로능력이 있을 때 지정되었다. 근로능력이 있는 사람은 18세 이상(학생은 근로의무가 면제됨)이고 65세 미만이면서 심신이 건강한 자로 규정되어 있다. 이들은 자활사업 등 일하는 것을 조건으로 수급자로 선정하였기에 '조건부 수급자'로 불린다.

　조건부 수급자는 자활·자립을 할 수 있도록 일자리를 제공받아 그 일을 하는 조건으로 수급자로 보호받았다. 이들이 참여하는 일자리를 통칭하여 자활사업이라 한다. 자활사업

에는 자활근로, 취업·알선 등 취업 지원, 개인 창업 지원, 직업훈련 지원, 타 자활 프로그램 참여 의뢰 등이 있다.

자활근로사업은 저소득층에게 일할 기회를 제공하여 자활 기반을 조성하는 사업으로 한시적인 공공근로사업과 다르다. 수급자가 일을 통해 스스로 살아갈 수 있도록 능력을 배양하는 데 역점을 둔다.

자활사업은 간병·집수리·청소·폐자원재활용·음식물 재활용 사업의 5대 전국표준화사업을 중점 수행하고, 정부재정사업의 자활사업 연계 활성화 및 영농·도시락·세차·환경정비 등 지역 실정에 맞는 특화된 사업을 추진하고 있다.

자활근로의 시간은 1일 8시간(근로유지형은 5시간), 주 5일 참여를 원칙으로 한다. 지급액은 시장진입형, 복지·자활도우미, 인턴형, 사회복지시설도우미, 사회서비스형, 근로유지형 등 유형별로 세분되어 있다.

지급액은 매년 인상되는 경향이 있다. 2020년에 일당은 전년도보다 조금 인상되어 시장진입형 기술자격자는 56,110원, 사회서비스형은 49,120원, 근로유지형은 28,810원이다. 2019년부터 생계급여 수급자가 자활사업에 참여할 경우에 근로소득의 30%를 소득인정액에서 공제하고 장려금 형식으로 지급한다.

괜찮은 일자리는 이렇게 찾는다

한국은 해방 후 농촌·농업·농민이 중심인 사회에서 도시·상공업·임금노동자가 중심인 사회로 바뀌었다. 산업화가 한창일 때는 일자리를 찾기 쉬웠지만, 지금은 일자리를 찾기 어렵고 실직되어도 주택 임차료, 전기요금, 수도요금, 가스요금 등은 줄지 않기에 충격이 크다. 정규직은 점차 줄고 그만큼 비정규직이 늘어나서 괜찮은 일자리를 찾기가 쉽지 않다. 그럼, 구직자는 어떻게 해야 할까?

워크넷을 적극 활용한다

고용노동부가 운영하는 '워크넷(http://www.work.go.kr)'에 접속하여 '구인' 정보를 검색하기 바란다. 모든 일자리 정보를 지역별, 직종별로 검색할 수 있다. 청년, 장년, 여성 등 특정 인구집단별로도 정보를 제공한다.

일자리를 찾는다면 워크넷을 자주 검색하여 자신에 맞는

일자리를 찾아 입사지원서를 내기 바란다. 괜찮은 일자리는 지원자 수가 많지만, 지원자 중에서 합격자를 뽑기에 일단은 지원해야 취업할 수 있다. 노인이 찾을 수 있는 일자리는 제한되어 있지만, 요양보호사, 경비, 청소 등은 다른 분야에 비교하여 쉽게 찾을 수 있다. 같은 요양보호사라도 노인복지시설에 따라 근로시간, 노동강도, 임금 등이 다르기에 잘 골라야 한다.

고용센터에서 구직활동

귀하가 실업상태로 구직활동을 한다면 고용센터를 검색하기 바란다. 고용센터는 거주하는 주소지별로 관할 센터가 다른데, 광주광역시에 산다면 '광주고용센터'를 이용하면 된다. 광주고용센터는 광주광역시 전역과 인접 지역을 포괄한다. 출근이 가능한 인접 지역의 정보도 함께 검색하면 취업 기회는 늘어난다. 서울에 사는 친구가 '서울지역 아동양육시설'만 검색할 때, 필자가 수도권을 권유한 적이 있었다. 그는 통근이 가능한 경기 북부지역에 지원하여 합격하였다.

일부 고용센터는 고용복지+센터로 개편되어 더 많은 서비스를 제공하고 있다. 이 센터는 실업급여, 복지상담, 신용회

복 상담 등 여러 서비스를 제공한다.

사회적 기업을 활용하는 법

고용노동부, 지방자치단체 등이 지원하는 (예비) 사회적 기업도 적극 활용할 필요가 있다. 정부는 사회적 기업의 의미와 지정요건, 지원제도와 절차 등을 설명하여, 사회적 기업을 장려하고 있다. 사회적 기업은 예비지정을 거쳐 인증을 받으면 일부 인건비, 운영비 등을 일정기간 동안 지원받을 수 있다. 예비 사회적 기업은 예비지정일로부터 3년 이내 2년간, 사회적 기업은 인증 후 최초 약정개시일로부터 5년 이내 3년간 등 최대 5년간 지원받을 수 있다. 지원내용은 최저임금 수준 인건비+사업주 부담 사회보험료의 일부이므로 인건비 부담이 큰 사업체의 입장에서는 큰 지원이다.

경력단절 여성도
일자리를 찾을 수 있다

경력단절 여성이 재취업에 성공하고 일과 가정을 함께 잘하는 길은 없을까? 여성가족부는 재취업에 성공한 경력단절 여성 등이 새 일터에서 안착할 수 있도록 지원하기 위해 '온라인 직장적응 상담서비스'를 시작했다.

이 서비스는 재취업한 경력단절 여성을 중심으로 개발된 것이지만, 여성 재직자라면 누구든지 무료로 이용할 수 있다. 서비스는 인터넷으로 이용하거나 전화 상담을 통해 받을  수 있다. 이용자는 '온라인경력개발센터-꿈날개(http://www.dream.go.kr)'를 검색하거나 글쓰기를 하면 된다. '직장적응 상담'은 여성이 직장생활을 하면서 겪게 되는 노무ㆍ법률, 심리, 육아ㆍ보육 등 다양한 어려움에 대해 '경력유지상담사'의 1:1 상담과 전문가 조언을 제

공하는 서비스이다.

직장생활 중 노무 · 육아 등 어려움 상담

전통적인 상담은 고충을 가진 사람이 상담소를 방문하여 상담원과 면접 상담을 하였다. 전화가 널리 사용되면서 면접 상담보다는 전화 상담이 대중화되었다. 인터넷의 보편화와 스마트폰을 통한 모바일 서비스가 대중화되면서 상담방식도 바뀌었다. '직장적응 상담'은 온라인 상담이 중심이고 전화 상담도 병행되고 있다.

고충을 가진 여성이 인터넷으로 접속하여 경력유지상담사를 통해 직장생활 적응의 어려움과 일 · 가정 양립 문제를 1:1로 상담할 수 있다. 인터넷이나 전화만으로는 부족하고, 더 많은 서비스가 필요한 경우에는 전문가와 연계해 근로계약 · 복리후생 · 부당해고 · 직장 내 성희롱 등에 관한 전문적인 노무 · 법률 상담을 제공받을 수 있다.

비정규직이 늘어났다

최근 노동시장은 정규직보다는 계약직을 많이 뽑는다. 계약기간이 2년 이상이 되면 무기계약직으로 바꾸어야 하기 때문에 이를 피해 1년 미만씩 계약하는 경우가 많다. 경력단절 여성이 일자리를 찾으면 과거보다 안정성이 훨씬 취약해지고 있다.

비정규직은 임금이 낮을 뿐만 아니라 근로시간이 불안정하고, 연장수당·휴일수당 등 「근로기준법」상 정해진 수당도 충분히 받지 못하는 경우가 많다. 과거 당연한 것으로 여겼던 많은 복지서비스 중에서 일부만 받거나 낮은 수준으로 받게 된다. 1997년 외환위기와 2008년 금융위기 이후에 노동시장이 열악해지면서 경력단절 여성이 더 큰 부담을 지게 된다.

지식정보화가 빠르게 진행되면서 일자리는 전산화되고 직업인에게 컴퓨터 활용능력을 요구하고 있다. 과거 일부만 다루었던 컴퓨터를 거의 모든 직원이 일상적으로 다루어야 하기에 컴퓨터 활용능력에 대한 요구가 커지고 있다. 경력단절 여성이 괜찮은 일자리를 찾기 위해서는 이러한 자격증을 취득해야 하고 이를 배울 수 있는 교육정보가 필요하다.

경력개발센터 맞춤형 취업 지원

경력단절 여성에게 비슷한 역경을 딛고 재취업에 성공한 사람들의 직장적응 성공수기는 큰 도움이 된다. 이들이 흔히 필

요로 하는 임신·출산·육아·보육 등 관련 경력유지 정보와 일·가정 양립에 도움이 되는 각종 정보도 유익할 것이다.

경력개발센터는 여성새로일하기센터와 긴밀히 연계해 운영된다. 새일센터를 통해 취업한 경력단절 여성은 자동으로 '온라인 직장적응 상담서비스'로 사후관리를 받게 된다. 경력개발센터에 등록된 이용자가 이직을 희망할 경우 상담을 통해 관할 새일센터에 연계해 취업 지원서비스를 제공받을 수 있다. 경력단절 여성은 일자리를 찾기도 어렵지만, 한번 찾은 일자리를 유지하기도 쉽지 않기에 맞춤형 취업 지원과 사후관리로 경력단절을 막고 일·가정 양립을 지원하려는 것이 이 센터의 목적이다.

누구든지 경력개발센터의 홈페이지를 클릭하고 회원등록을 하면 온라인 취업역량진단, 온라인 교육, 취업상담, 사후관리서비스를 보다 체계적으로 활용할 수 있다. 취업역량진단은 취업기본진단·직업의식진단·직업적성검사·직업역량진단을 통해 결과를 종합하여 최종 취업가능성 점수를 파악하고 적절한 직업을 추천받을 수 있다. 직업의 종류는 다양하고, 학력과 경력, 자격증 등 다양한 변수에 의해 접근 가능성이 다르다. 이용자는 취업역량진단을 통해 맞춤형 직업을 파악할 수 있을 것이다.

취업상담 이력서 작성, 면접 기법 등 조언

취업상담은 온라인커리어상담사(EM)를 통해 진로상담, 경력개발 코칭, 이력서와 면접 컨설팅, 취업알선 등의 서비스를 제공한다. 소수를 뽑는 직장에 수십 명이 원서를 내기에 경력개발센터는 구인기관의 관심을 끄는 이력서를 쓰고 면접을 잘 보는 방법 등을 컨설팅해 주고 있다.

최근 개발된 사후관리서비스는 노무·법률, 심리, 육아·보육 등 고용유지 상담, 직장적응 교육, 고용유지 관리 등에 대한 온라인 상담과 멘토링이다. 재취업·창업에 성공한 경우에도 고충이 생길 수가 있으므로 이에 대한 친절한 상담과 코칭이 필요하기 때문이다.

경력개발센터는 다시 취업·창업을 한 여성이 국민연금, 건강보험, 고용보험 등 5대 사회보험을 효과적으로 활용하는 방법을 안내하면 좋겠다. 국민연금의 경우 반환일시금을 받았던 여성은 '반납제도'를 활용하고, 연금보험료를 내지 않았던 기간은 '추후납부'로 가입기간을 크게 늘릴 수 있다. 늦게 가입하여 60세가 되어도 가입기간이 10년에 미치지 못하면

'임의계속가입'을 하여 일시금이 아닌 연금을 받을 수 있다. 노령연금 수급자는 연금 개시를 1년 연기할 때마다 연금액의 7.2%를 더 받을 수도 있다. 만약 노령연금으로 100만 원을 받을 수 있는 사람이 3년을 연기하면 121만 6,000원을 받을 수 있다. 자신의 상황에 맞게 5대 사회보험을 잘 활용하는 방법을 배우고 실천하기 바란다.

마을공동체,
항산이 있어야 항심이 생긴다

　　전국적으로 마을공동체 운동이 붐이다. 과거에는 인구가 주는 농촌마을에 활력을 불어넣기 위한 것이 많았는데, 최근에는 도시에서도 마을공동체 운동이 한창이다. 이러한 활동이 그 목적을 달성하려면 어떻게 해야 할 것인가?

마을공동체 운동이 생긴 이유

　　본디 마을 혹은 동네는 공동체였다. 우리나라에서는 오랫동안 대부분의 사람이 농촌에서 살았다. 마을 사람은 우물을 중심으로 모둠살이를 했다. 생존을 위해 마실 물을 구할 수 있는 곳에 마을을 만들었다. 마을을 한자로 표기하면 동(洞)인데, 이는 '한 우물을 먹는 사람들'이란 뜻이다.

　　그런데 사람들이 먹는 물을 굳이 샘물에 의존하지 않고, 수돗물로 조달할 수 있게 되면서 도시가 형성되었다. 농촌·농업·농민이 중심인 사회가 반백년 만에 도시·상공업·임금

노동자가 중심인 사회로 바뀌었다. 농촌에서 도시로 떠난 사람들은 그곳에서 정착하고, 자녀들도 그곳에서 뿌리를 내렸다.

이 때문에 농촌의 공동체 기능은 약화되고, 도시 공동체는 형성되지 못하거나 약했다. 활력이 떨어져 가는 마을의 기능을 회복시키거나 보전하기 위해 지도자들이 나섰다. 주민 간의 소통을 늘리고, 모임의 계기를 만들며, 생산이나 소비를 함께하면서 항심(恒心)을 찾고자 했다. 일부 마을에서는 성공하고 일부에서는 보여 주기식 사업으로 끝났다.

마을공동체 사업, 어떤 게 있나

마을공동체 운동은 한국 사회가 경제성장에도 불구하고 양극화로 갈등이 커지고, 생활안전, 고령화와 빈곤, 일자리 창출, 실업, 다문화 가정 등의 사회문제를 해결하기 위해 지역공동체의 활동이 중요하다는 인식에서 출발했다.

그동안 각종 사업의 진행을 통해 관청이 설계하고 주민을 동원하는 방식으로는 지속 가능하지 않다는 것을 깨닫고, 민관이 협력하는 방식을 찾고자 했다. 마을공동체 사업을 통해 지역공동체를 활성화시키고, 새로운 일자리도 창출하며, 사회문제도 줄여서 함께 잘 사는 세상을 열어 가고자 했다.

2015년 정부의 지원을 받아서 수행하는 지역공동체 수만도 약 5,885개이다. 마을공동체의 종류로는 정보화 마을, 평화 생태마을, 체험휴양마을, 자연생태우수마을, 마을기업, 희망마을 등이 있다. 공동체 안에서 이뤄지는 사업도 전통시장이나 상가 활성화, 자연생태관광사업, 수익을 목적으로 하는 사업, 생활공간 개선이나 사회복지시설 확충 사업 등으로 매우 다양하다.

마을공동체 사업의 성공 요인

전북 진안군은 마을공동체 사업의 경험이 가장 많은 곳이다. 지난 10년 동안 진안군은 다양한 방식으로 마을 만들기를 시도했다. 주민 주도 상향식의 마을 사업 발굴, 귀농·귀촌인 중심의 마을 간사, 주민자치센터의 평생학습 지도자 제도, 마을문화 조사단 운영, 지역 통째로 박물관 구상, 마을 만들기 지원센터 설립 등을 전국에서 처음 시작했다. 이런 성과들이 모여 마을 만들기 전국대회와 마을 축제도 계속 열릴 수 있었다.

마을 사업은 주민이 원하는 것을 발굴해야 지속 가능하다. 행정기관의 장은 4년 임기이고, 행정담당자는 더 자주 바뀌

는데, 마을주민은 평생을 한 마을에서 사는 경향이 있기에 주민의 뜻이 매우 중요하다.

그런데 농촌 주민이 고령화되고 학력이 낮아서 지식정보화 사회에 발 빠르게 대응하기 어렵다. 진안군은 도시에서 다양한 직업 경험이 있는 귀농·귀촌인 중 정보화능력이 있고 인성이 좋은 사람을 '마을 간사'로 채용하여 도·농 간 다리 역할을 하게 했다. 마을에서 생산한 물품을 온라인으로 팔고, 도시민을 농촌으로 끌어들여 민박·체험활동으로 교류할 계기를 늘렸다. 여러 가지 사업 중 '로컬푸드사업단'이 가장 성공적이었고, '마을 만들기 지원센터'도 이제 행정 관서로부터 인건비와 운영비의 지원을 받지 않고 운영된다.

항산이 있어야 항심이 생긴다

마을공동체 운동이 잘된 곳은 공통점이 있다. 무엇인가 지속가능한 항산을 통해 항심을 이끌어 낸다. 서울에서 마을공동체 운동의 가능성을 보여 준 대표적인 사례는 '성미산학교'이다. 공동육아에 관심 있는 사람들이 마포구 성미산 아래 마을로 이사하고 '어린이집'을 만들었다. 아이들이 성장하면서 초등학교·중고등학교를 설립했다. 주민들이 필요로 하면 반찬가게, 마을식당, 마을카페, 마을극장도 만들고 작은 방송국도 운영한다. 주민이 출자하고 주민이 운영하는 생활협동조합이다.

흔히 마을 만들기 사업이 실패하는 이유는 행정기관이 기획하고 주민의 뜻을 이끌어 내지 못해 계획된 사업만 하고 끝나기 때문이다. 항산이 있어야 항심이 생긴다. 전북 임실군 삼계면에 있는 '박사골'은 농한기에 할머니들이 엿을 만들어 입시철에 '박사엿'으로 판다. 남들이 '합격엿'을 팔 때 '박사엿'으로 승부를 건다.

보람 있게 할 수 있는
일거리를 찾는다

베이비부머세대(1955~1963년생)가 정년을 맞이하면서 65세도 되지 않는 사람들이 일손을 놓거나 괜찮은 일자리에서 배제되어 노인문제는 더욱 심화되고 있다. 국제신용평가사인 무디스는 급속한 고령화가 전세계 경제 성장을 저해할 것이라고 경고했다.

노인의 여가시간은 늘었지만, 활동은 자신의 욕구와 삶에 집중되고 이웃과 사회를 향한 사회참여는 아직 빈약하다. 노인은 집에서 TV를 보다가 심심하면 동네 경로당에 나가 소일하는 경우가 많다. 일부 노인은 신앙생활을 활발히 하거나 자원봉사활동 등에 참여하기도 한다. 노인들이 가장 관심을 갖는 사회활동은 '노인 사회활동(노인 일자리) 지원사업'이지만, 이 사업은 기초연금 수급권자에게 한정되고 예산의 부족으로 신청자 모두가 일할 수 있는 것도 아니다.

급속한 고령화와 함께 노인 고용률이 증가하지만 노인 빈곤은 개선되지 않고 있다. 한국의 노인 고용률은 30.9%로 경제협력개발기구(OECD) 평균치(13.1%)보다 2.4배 높지만, 노인의 상대적 빈곤율은 43.8%로 OECD 평균인 14.8%를 큰 폭에서 앞질렀다.

국가와 지방자치단체는 일자리 제공에 초점을 맞추고 있지만, 향후 국민연금 등 공적 연금이 성숙되면 노인 일자리에 대한 욕구는 상대적으로 줄고 봉사활동 등 사회참여가 강조될 것이다. 이제 노인정책도 빈곤한 노인을 위한 일자리정책과 함께 생계에서 자유로운 노인을 위한 사회참여정책으로 혁신되어야 한다. 노인정책은 은퇴하여 건강하게 활동할 수 있는 75세 미만과 일상생활에 돌봄이 필요한 75세 이후로 나누어서 구상되어야 한다. 노인이 건강하게 살면서 자아실현과 사회공헌활동을 할 수 있는 방안을 모색해야 한다.

선진국 노인정책은 고용중심의 생산적 모델에서 출발해 사회참여나 자립생활을 강조하는 '활동적 노화 패러다임'으로 전환되고 있다. 젊어서부터 노후의 소득보장을 적극 준비하고, 건강관리에 힘을 쓰며, 노후에는 소득행위보다는 삶을 즐기는 쪽으로 노년문화를 형성하고 있다.

노인이 학습과 여행 등 취미활동, 공연, 스포츠, 시민활동,

권익운동, 이웃돌봄과 나눔 등 관심에 따라 자기계발을 하고 즐거움을 누리며 공익활동에도 관여할 수 있다. 적극적 사회참여를 하기 위해서는 평생학습, 건강관리, 소득과 자산의 관리, 가족과 이웃관계의 유지, 사회적 공헌활동이 중요하다.

노인 사회참여는 지속 가능한 삶을 누리려는 것이다. 노인이 질 높은 삶을 유지할 뿐만 아니라 후계 세대도 행복한 삶을 살 수 있도록 토대를 만드는 일이다. 모든 사람이 넉넉한 삶, 건강한 삶, 지혜로운 삶, 따뜻한 삶을 살기 위해 지금 여기에서 작은 것부터 실천하여 보자.

노인이 노인대학, 노인복지관, 경로당을 찾기 전에 공공도서관, 문화예술시설, 공공기관을 찾아 사회참여를 할 거리를 찾아보면 좋겠다. 지역사회에서 주최하는 여러 축제에 자원활동가로 참여하고 봉사하면서 다양한 활동을 즐겨 본다.

활 기 찬 노 년 생 활

4.

쾌적한 집에서 살 권리가 있다

4

쾌적한 집에서 살 권리가 있다

모든 노인은 쾌적한 집에서 살 권리가 있다. 모든 사람은 부모의 사랑으로 태어나서 성장하여 결혼한다. 태어난 가족과 함께 살았던 사람은 출산가족에서 자녀를 낳고 키운다. 성장한 자녀는 분가하여 부모와 따로 사는 경우가 늘어나고 있다.

이 때문에 노인은 자녀의 독립 이후에 부부만 살다가 배우자와 이별·사별하면 혼자 사는 경우가 많다. 혼자 사는 가구는 식사와 같은 일상적인 일조차 함께하는 사람이 없어서 질병, 사고 등 위기상황에 노출되기 쉽다. 치매나 중풍과 같은 노인성 질환으로 일상생활을 하기 어려운데 가족의 돌봄을 지속적으로 받기 어려운 사람은 재가급여를 받고, 병원이나 요양시설의 도움을 받아야 할 상황에 빠진다.

한번 요양병원에 입원하거나 요양시설에 입소하면 다시 집으로 돌아오기 어렵고, 학업, 직업 등으로 가족이 노인을 지원하기 어렵게 되면 집에서 살기 더욱 어렵다. 이 때문에 많은 선진국은 가급적 살았던 집에서 더 오랫동안 쾌적하게 살 수 있도록 재가급여를 보다 촘촘히 살피고 집에 경사로, 안전 손잡이, 미끄럼 방지시설 등 노인친화시설과 설비를 갖춘다.

한편, 노인은 늙을수록 근로소득·사업소득은 줄고 가진 것이라곤 집밖에 없는 경우가 많다. 낡은 집을 리모델링하여 임대료 수입을 얻거나, 자녀들이 분가하여 큰 집을 쪼개서 임대하는 방법, 큰 집을 세 주고 작은 집으로 옮기는 방안도 구상해야 한다. 주택연금에 가입하여 그 집에서 살면서 매달 연금을 받는 것은 부부가 죽을 때까지 사는 장점이 있다.

소득이 줄고 자산의 가치는 떨어져도 주거비는 줄지 않는 경우가 많다. 가구 소득인정액이 기준 중위소득의 45% 이하인 사람은 읍·면·동 행정복지센터에 신청하면 주거급여를 받을 수 있다. 과거에는 부양의무자의 부양비도 고려했지만, 2018년부터 부양의무자 기준이 폐지되었기에 당사자만 가난하면 주거급여를 신청할 수 있다.

　겨울철에는 연료비가 많이 들기에 소득이 낮은 사람은 '에너지 바우처'를 신청하여 겨울을 따뜻하게 보낼 수 있다. 자기 집이 있는 사람은 있는 대로, 없는 사람은 없는 대로 다양한 주거복지를 활용할 수 있다.

혼자 혹은
부부 노인이 대세이다

　통계청의 '장래가구 추계'에 따르면, 가구유형은 부부+자녀 가구가 가장 많지만, 미래에는 1인가구가 가장 많아진다. 광주 광역시의 경우, 2015년에 전체 56만 4,000가구 중 '부부+자녀' 가구가 32.0%로 가장 많았으나 2045년에는 14.1%로 줄고, 같은 기간에 1인가구는 28.9%에서 39.5%로 늘어날 것이다. 평균 가구원 수도 점차 줄어 2.55명에서 2.12명으로 감소할 것이다.

1인가구가 늘어나는 이유

　과거 1인가구는 '독거노인'이나 결혼하지 않는 청년 '단독세 대'가 많았다. 최근 청년층은 결혼 지연과 포기, 중장년층은 이혼·경제위기·기러기 가족·비혼 등, 노년층은 이혼과 배우자 사망 등으로 1인가구가 된다. 경기도에 따르면, 1인 가구는 독거노인이나 청년층이 많을 것이라는 통념과 달랐

다. 2015년에 경기도 전체 1인가구는 103만 명으로 이 중 중장
년층(40~64세)이 약 46만 명으로 전체의 44.7%를 차지했다.

1인가구는 소득이 낮다

통계청에 따르면 2017년 2분기에 1인가구의 월평균소득(명
목 기준)은 164만 2,540원으로 1년 전(167만 6,003원)보다 3만
3,463원(2.0%) 줄었다. 1인가구 월평균소득은 전체 가구의
월평균소득의 45%에 불과했다. 1인가구의 소득이 감소한 것
은 고용 한파로 임시직 일자리가 줄어든 탓이다. 이들의 소득
원은 주로 근로소득인데, 비정규직이 많기 때문이다. 2016년
임금 근로자 중 상용근로자는 전년보다 38만 6,000명 늘었지만
일용 근로자는 8만 8,000명 줄었다. 일자리를 잃은 청년·노인
층이 일자리를 구하지 못하면서 근로소득을 중심으로 1인가구
소득이 줄어든 셈이다.

1인가구는 주거가 열악하다

1인가구는 질 낮은 주택에서 살면서 상대적으로 높은 주거
비를 부담한다. 경기도의 조사에 따르면, 1인가구의 자가소
유비중은 37.7%로 다인가구 세대주의 59.4%에 비하여 낮았

다. 특히 중장년층 1인가구(42.1%)는 같은 세대 다인가구 세대주(66.2%)에 비하여 자가소유비중이 현저히 낮았다. 반전세·월세, 무상의 주거 형태는 주로 1인가구를 중심으로 분포되었다. 1인가구의 반전세·월세 비중은 25.7%로 다인가구 세대주의 4.6%에 비해 매우 높아 주거 불안정으로 인한 월소득에서 주거비 지출이 높다.

광주로(路)가 광주지역 영구임대아파트 10개 단지 1만 3,600여 가구를 대상으로 조사한 바에 따르면 1인가구의 비율이 65%로 2012년 40%에 비해 5년 새 25% 포인트 증가하였다. 주거 급여를 받는 저소득층 가구 중 1인가구는 더욱 높다.

마을에 주민 교류공간을 확충한다

정부는 가구와 평균가구원 수의 변화에 맞도록 복지제도를 설계하거나 기존 제도를 개정해야 한다. 모든 유형의 공동주택에 혼자 사는 사람이 외롭지 않도록 주민과 교류할 수 있는 공간을 확충해야 한다. 주택을 새로 지을 때에는 관리사무실, 노인정, 어린이놀이터 등은 물론이고 실내체육시설(헬스장, 탁구장 등), 작은 도서관을 겸한 카페, 손님방(게스트하우스) 등 공유공간을 늘려야 한다. 기존 주택도 1층이나 지하층

에 주민들이 언제든지 자유롭게 이용할 수 있는 소통공간을
늘려야 한다. 주민이 비둘기집과 같은 개인공간에 칩거하지
않고 이웃들과 교류할 수 있도록 작은 공간, 산책하면서 사람
들을 만날 수 있는 공원 등을 늘려야 한다.

집주인 임대주택사업으로
임대료를 벌 수 있다

　'집주인 임대주택사업'은 집주인이 임대주택사업에 적극 참여하도록 낮은 금리로 융자받고 시세보다 조금 저렴하게 임대하도록 하여 임차료를 안정시키려는 정책이다. 그동안 정부는 토지주택공사나 도시공사 등을 통해 영구임대, 공공임대, 국민임대 등을 지어서 임대하고, 기존 주택을 매입하여 임대하는 매입임대주택, 중소형 주택(주로 아파트)을 지어서 분양하는 데 역점을 두었다. 집주인 임대주택사업은 민간이 임대주택에 적극 참여하여 임대수익을 얻고 임차인도 시세보다 저렴한 주거에서 살면서 도시를 재생시키려는 주택정책이다.

집주인 임대주택사업이란

　집주인 임대주택사업은 '맞춤형 주거지원을 통한 주거비 경

감방안'(2016년)인 공공지원주택의 하나이다. 집주인에게 연리 1.5%의 낮은 금리로 융자를 주어서 주택의 신축, 경수선 또는 매입을 지원하고 이를 시세보다 조금 저렴한 임대주택으로 공급하는 사업이다.

집주인이 신축, 경수선, 매입 후 임대료를 시세의 85% 수준으로 한다는 것을 전제로 한국토지주택공사(LH)에 임대관리를 맡기면, 공실과 상관없이 임대주택 만실을 기준으로 확정수익을 받는다. 집주인은 신축할 수 있고, 쓸 만한 집일 경우 리모델링 비용을 지원받을 수 있으며, 다가구 주택 등을 매입하여 임대하려는 사람도 국가로부터 지원받을 수 있다.

사업 유형이 다양화되었다

국토부가 가장 역점을 둔 것은 집주인의 입맛에 따라 사업 유형을 다양화시킨 점이다. 세부 유형은 표준건축형, 자율건축형, 경수선형 사업을 묶어 '건설·개량방식 사업'(기존 집주인 리모델링)으로 관리되고, LH추천형, 개별신청형 사업을 묶어 '매입방식 사업'(기존 집주인 매입임대)으로 관리된다. 각유형은 집주인의 욕구, 주택 건축이나 리모델링에 대한 전문 지식의 정도, 주택관리를 누가 할 것인지에 의해 달라진다.

건설·개량방식 중 표준건축형은 집주인이 LH가 제시하는 표준건축모델 중 하나를 선택해 신축하는 방법이다. 주택 건축에 대한 노하우나 경험이 없는 집주인에게 적합한 유형이다. 집주인은 대출을 받아서 투자하여 임대수익을 얻을 수 있다. 어느 정도 여윳돈이 있는 은퇴자 등이 투자해 봄직한 유형이다. 표준건축형은 거주공간에 대한 다양한 요구를 수용할 수 없는 점을 감안해 집주인이 신축 후 해당 주택에 거주하지 않는 경우에만 허용된다.

　자율건축형은 집주인이 LH 관여 없이 건축을 원하는 경우 적합한 사업방식이다. LH가 제시하는 최소한의 건축 기준에 부합하면 건축비 저리 융자를 받을 수 있다. 주택 건축에 경험이 있거나 신뢰할 만한 주택업자를 알고 있는 사람이 투자하기 좋은 유형이다.

　경수선형은 신축이 아닌 도배, 장판, 창호 교체, 화장실 개량 등 단순한 수선을 원하는 집주인에게 적합한 방식이고, 견적비용에 대한 기금융자를 받을 수 있다. 지하철 역 주변이나 교통이 편리한 지역에 있는 괜찮은 집을 약간만 수선하여 임대하고자 하는 사람에게 도움이 되는 유형이다. 큰돈을 투자하지 않고도 임대수익을 얻을 수 있을 것이다.

매입방식 중 LH추천형은 LH가 공인중개사 또는 분양사업자와의 협업을 통해 임대사업용 다가구, 공동주택을 확보하고 기금융자 가능액, 자기부담액 및 수익률을 제시하면, 임대사업을 원하는 개인이 매입신청을 하고, 제시된 자기부담금을 납부한 후, 매월 확정수익을 지급받는 집주인이 되는 방식이다. 다가구 매입은 4억 원까지 대출받을 수 있으므로 여웃돈이 있는 사람이 투자해 봄직하다. 매입방식 중 개별신청형은 종전처럼 매수 대상 주택을 사업신청자가 직접 선정해 오는 방식으로 매수 대상 선정 후 매매절차는 LH추천형과 같다.

수익성 제고를 위한 대책을 세웠다

집주인 임대주택사업이 좋은 금융조건에도 불구하고 투자자를 찾는 데 한계가 있었던 것은 수익성에 대한 확신이 없었기 때문이었다. 다가구의 경우 4억 원까지 연리 1.5%로 대출을 받으면 이자 부담이 거의 없는데도 임대료 수준을 시세의 80%로 제한한다는 점은 임대수입을 원하는 집주인에게는 매력적이지 않았다.

따라서 2017년에는 임대료 수준을 시세 85%로 상향했고, 다세대 외 도시형생활주택 등 공동주택도 건설할 수 있도록 허용했다. 가구당 건축면적도 원룸형인 전용 20㎡ 이하에서 50㎡ 이하까지 확대해 임대 시장에서 인기가 높은 투룸도 건설할 수 있게 했다. 융자한도는 다가구 건설의 경우 2억 원에서 3억 원으로, 공동주택 건설의 경우 세대당 4,000만 원에서 6,000만 원으로 증액하였다. 또한 다가구의 경우 LH 보증금 지원율도 기금융자액의 60%에서 90%로 상향하는 등 사업 신청자의 자부담 수준도 낮춘다.

돈의 흐름은 물고기가 먹이를 따라 이동하듯이 수익률을 따라갈 수밖에 없다. 이 사업에 관심 있는 사람들도 약간의 여윳돈을 주택에 투자하여 임대수익을 안정적으로 획득하려고 할 것이다. 임대료는 시세 85%에 한정되지만, 공실이 생길 때에도 확정수익률을 받을 수 있기에 투자해 봄직하다.

민간 임대관리업체도 참여할 수 있다

집주인 임대주택사업은 당초 LH만 주택을 관리했지만, 2017년부터 민간 임대관리업체도 참여할 수 있게 되었다. 민간업체는 건설·개량이나 매입을 통해 임대사업에 참여하기를 원하는 집주인과 개별적으로 협의해 사업계획서를 작성하고, 한국감정원의 사업타당성 평가를 통과하면 가능하다.

사업타당성 평가를 통과하면 집주인은 연 1.5% 저리융자를 받을 수 있다.

민간제안형은 민간의 창의적 아이디어와 사업구상을 적극 활용하기 위해, 시세 90%의 전세·준전세·준월세 등 다양한 임대방식을 허용한다. 이 경우에 단순 임대관리뿐 아니라, 시공, 분양, 임대관리 등 종합부동산 서비스 제공이 가능하도록 할 계획이다.

집주인 임대주택사업에 참여하려면

집주인 임대주택사업에 관심 있는 사람은 토지주택공사 지역본부에 자율건축형과 경수선형, 매입방식 개별신청형 사업을 접수하기 바란다. 이후 매입방식 LH추천형 접수가 시작된다. 표준모델 구성이 완료되면 표준건축형 접수를 실시할 계획이다. 민간제안형의 경우도 민간업체 대상 사업타당성 평가 접수가 실시될 예정이다. 관심 있는 사람은 한국감정원 서울사무소에서 관련업체를 대상으로 한 설명회에 참석하기 바란다.

국토부는 사업 유형 다양화와 지원 강화를 바탕으로 집주인 임대주택사업이 민간자산을 활용해 도심 내 저렴한 임대주택을 공급하는 선도모델로 자리 잡길 기대하고 있다. 이 사업을 통해 집주인은 안정된 임대수익을 확보하고, 세입자는 저렴한 임차료로 살 수 있으며, 국가는 도심의 노후주택을 재생시켜 궁극적으로 시민의 주거복지를 추구할 수 있기 때문이다.

공동주택 세대 구분으로
임대료를 벌 수 있다

    최근 1~2인가구가 급증하였다. 과거에는 부부가 2~3명의 자녀와 함께 사는 것을 전제로 지은 집이 많았다. 신혼 시절에는 단칸방에서 살던 사람도 자녀를 낳고 키우면서 18평, 25평, 33평 등으로 집을 키워 갔다. 이제 혼자 사는 사람, 결혼한 후에도 자녀 없이 사는 부부, 배우자나 자녀들과 따로 사는 가구가 늘어나면서 소형 주택의 수요가 커지고 있다.

    수요에 따라 도시형 생활주택이 늘었지만, 주로 원룸이나 투룸인 다세대 혹은 다가구 주택은 거주자의 만족도가 다소 떨어진다. 한때는 여러 명이 살았던 중형 혹은 대형 아파트의 일부 공간을 개조하여 두 채로 활용하는 방안은 없을까? 국토교통부는 소형 주택 수요가 늘어나는 추세에 맞추어서 '기존 공동주택 세대 구분 설치 가이드라인'을 발표했다.

세대 구분형 공동주택이란

'세대 구분형 공동주택'이란 주택 내부 공간의 일부를 세대별로 구분해 생활이 가능한 구조로 하되, 그 구분된 공간을 구분하여 소유할 수 없는 주택을 말한다. 아파트를 가진 사람이 일부 여유 공간을 임대할 수 있도록 하는 방식이다. 기존 주택을 나눌 때에는 세대별로 구분된 공간마다 1개 이상의 침실, 별도의 욕실, 부엌 등을 설치해야 한다. 독립된 주거생활을 하기 위해서는 최소한 사생활 공간이 따로 있어야 하기 때문이다.

현관을 공유할 경우 세대별로 별도 출입문을 둬 구분된 생활이 가능하도록 해야 한다. 현관을 같이 사용하더라도 별도 출입문을 두어서 기존 사람과 새로 입주한 사람 간의 사생활 보호를 강조한다. 흔히 아파트는 출입문을 열면 거실로 바로 연결되는데, 신발장이 있는 부분에 '전실'을 두고 출입문을 2개 만들면 세대 간 점유공간을 구분할 수 있다.

기존 공동주택을 세대 구분하려면

기존 공동주택을 세대 구분하여 개조하려면 세대와 단지 측면에서 여건을 갖추어야 한다. 세대 측면에서는 주택에 화장실 2개 이상, 현관의 여유 공간이 있어야 한다. 18평과 25평 아

파트는 대개 화장실이 1개이지만, 33평 이상은 거실에서 가는 화장실과 안방에 화장실이 있다. 따라서 안방, 안방 화장실, 베란다에 부엌시설을 갖추면 '구분된 세대'가 이용할 수 있는 공간을 쉽게 만들 수 있다.

단지 측면에서는 전기 용량이나 주차장 공간 등에 여유가 있는 경우에 세대 구분형을 도입할 수 있다. 세대 측면에서 여유 공간이 있더라도 단지 내에 주차장이 부족하거나 승용차를 소유한 사람이 많다면 주거 만족도가 떨어질 수 있다.

따라서 주된 거주자가 자녀 양육을 어느 정도 끝낸 중장년층이 많이 사는 아파트단지는 젊은 세대에게 '구분된 세대'를 제공할 수 있을 것이다. 주변에 학원가나 대학가 등이 있어서 승용차가 없이 사는 세대가 많다면 주차공간에 큰 부담을 주지 않을 것이다. 국토교통부는 세대 구분 후 주거환경이 열악해지는 것을 방지하기 위해 전체 세대수의 10분의 1, 동별 세대수의 3분의 1 이내에서 세대 구분형으로 변경하도록 권장한다.

공동주택 세대 구분이 좋은 점

기존 공동주택을 이 가이드라인에 맞춰 개조하면 자녀의

분가 등으로 여유 공간이 있는 중·대형 아파트를 가진 가구는 독립된 생활이 가능한 원룸을 만들어서 1~2인가구에게 임대하여 수익을 낼 수 있다. 노년층이 급증하고 베이비붐 세대들이 은퇴하면서 노인부양은 큰 사회적 부담이 되고 있다. 평균수명의 증가로 살아갈 시간은 길어지는데, 국민연금의 미성숙으로 안정된 수입원은 부족하다. 노년층이 가진 주된 재산은 살고 있는 주택인데, 큰 집이라도 자신이 살면 수입을 창출하기 어렵다.

그런데 중·대형 아파트에서 사는 사람들이 여유 공간을 원룸 혹은 투룸으로 개조하여 임대하면 수익을 낼 수 있다. 나이가 들수록 활동 반경이 줄어들어 사회적 관계가 좁아지는데 주거공간의 일부를 임대하면 세입자와 교류할 기회가 늘어날 것이다. 세입자도 기존 다세대 혹은 다가구 주택에서 사는 것보다는 아파트에서 여유 있게 살고 주차공간 등을 활용할 수 있다.

공동주택 세대 구분 공사 시 유의할 점

기존 공동주택에 세대 구분을 위한 공사를 할 때에는 유의해야 할 점이 많다. 공동주택은 한 가족이 살기에 적합한 구

조로 만들어져 있다. 즉, 부부가 안방을 사
용하고, 자녀들이 몇 개의 침실을 사용하
며, 가족이 거실과 부엌, 화장실 등을 함께
사용할 수 있도록 설계되어 있다.

  한 가족이 살기 편리하게 만들어진 건축
물의 일부 공간을 구분하려면 공사를 해야
한다. 세대 구분을 위한 공사를 할 때에는 「건축법」에서 허
용하는 범위를 알고, 건물의 안전성을 최대한 확보해야 한
다. 공사 범위 및 공사 항목별 행위허가기준, 구조안전 관련
설치 기준, 소방안전 관련 설치 기준, 계량 분리 설치 기준의
4가지를 꼭 챙겨야 한다.

  기존 주택의 공간 요건에 따라 공사 범위가 달라질 수 있
다. 가장 흔한 공사는 발코니 확장, 급배수관·환기설비 신
설, 건식벽체·출입문 설치, 자동 물뿌리개(스프링클러) 신설
또는 이설 등이다. 비내력벽 철거, 증축, 대수선 또는 파손·
철거 등에 해당해 행위 허가를 받아야 하고, 이를 위한 동의
비율 등의 절차 등은 가이드라인에 제시되어 있다. 비내력벽
철거, 내력벽 개구부 설치, 경량벽체 추가설치 등을 할 경우
구조안전 검토가 필요하다.

간단한 방식으로 시작하여 보자

　기존 중·대형 아파트를 쪼개서 두 채를 만들고자 할 때 가장 간단한 방식은 현관에 전실을 두어 2개 출입문을 만들고, 거실과 안방, 안방 화장실, 일부 베란다를 묶어서 독립된 거주공간으로 만들며, 나머지 공간에서 한 세대가 살 수 있도록 하면 될 것이다. 비내력벽 철거 등을 하지 않아서 공사를 최대한 줄이는 것이다. 전기요금 분쟁을 예방하기 위해 반드시 계량계를 분리한다. 수도와 난방의 분리도 가능하지만, 공사가 커지기에 기존 사용량과 새로운 세대가 살면서 추가된 사용량을 합리적으로 분할하면 될 것이다.

　기존 아파트를 구분하면 집주인과 세입자에게 모두 이익이 되지만, 단지 내 차량 증가로 인한 이웃 간 주차 갈등이 발생할 가능성이 크다. 차량의 수가 증가되면 세대당 1대 차량은 기본으로 하고, 추가된 차량에 대해서는 주차료를 추가하는 등 공평한 기준을 만들어야 한다. 기존 공동주택 세대 구분 설치 가이드라인에 대한 좀 더 자세한 정보는 국토교통부 누리집에서 찾을 수 있다. 모든 국민이 「헌법」상 보장된 인간다운 생활을 하기 위해 '주거권'은 매우 소중하다. 더불어 사는 공동체를 위해 함께 지혜를 모아 보자.

노인을 위한
공공임대주택도 있다

　임차료가 싸고 괜찮은 집을 찾는다면 공공임대주택을 활용하기 바란다. 과거에 공공임대주택은 영구임대아파트가 주류이었기에 아직도 공공임대주택을 국민기초생활보장 수급자나 차상위계층만 입주할 수 있는 집으로 오해하는 사람이 적지 않다.

　정부가 공급하는 임대주택에는 영구임대, 매입임대, 행복주택, 국민임대, 공공임대 등 다양하다. 저소득층의 주거안정을 위해 공급되는 만큼 월평균소득이 기준금액 이하인 사람에게만 입주자격이 주어진다. 전년도 도시근로자 가구당 월평균소득 이하인 가구라면 공공임대주택에 도전해 봄직하다. 영구임대아파트는 저소득층에게만 주어지지만, 공공임대와 국민임대는 좀 더 소득이 많은 사람도 기회를 잡을 수 있다.

　영구임대주택은 무주택 세대원이면서 생계 · 의료급여를 받거나, 한부모가정, 국가유공자 등 사회보호계층에게 공급된다. 전용면적 40㎡ 주택을 시중 시세 30% 수준으로 50년간 임대할 수 있다. 상당기간 집을 살 돈이 없는 사람이라면 영구임대주택을 신청하는 것이 좋다.

지금은 큰돈이 없지만 5년 혹은 10년 후에는 집을 살 만한 돈을 저축할 수 있다면 공공임대주택에 도전하기 바란다. 공공임대주택은 5년 혹은 10년간 임대의무기간이 끝나면 분양전환될 수 있다. 임대주택이 분양으로 전환되면 살고 있는 사람에게 우선권이 주어진다. 공공임대는 전용면적 85㎡ 이하의 주택을 시중 전세의 90% 수준으로 공급된다. 소득기준은 기준 소득액의 100% 이하다. 2016년 말 기준 5년 임대는 2,827호, 10년 임대는 4만 4,918호가 임대 중이다.

국민임대주택은 무주택 저소득층을 대상으로 한다. 전용면적 60㎡ 이하 주택을 시세의 60~80%로 30년간 임대할 수 있다. 2016년 말 기준 45만 7,206호가 임대 중이다.

또한 정부는 '매입전세임대'를 실시하기에 이를 활용하는 것도 한 방법이다. 민간사업자가 지은 아파트나 주택을 공공기관이 매입하여 저렴하게 임대해 준다. 2017년 한 해 동안 건설임대가 7만 가구이고 매입전세임대가 5만 가구나 되기

에 본인에게 맞는 집을 찾는 것이 중요하다.

　공공임대주택의 총량은 매년 조금씩 늘어난다. 신청 자격 조건인 소득과 재산 기준도 매년 인상되는 경향이 있다. 자신에게 맞는 공공임대주택을 적극 신청하기 바란다.

공공실버주택에서
살아보자

    정부는 2020년까지 공공실버주택 5,000호를 건설하겠다고
발표했다. 실버주택은 노인복지시설의 하나인 '노인복지주
택'이다. 「노인복지법」은 '노인복지주택'을 "노인에게 주거시
설을 분양 또는 임대하여 주거의 편의·생활지도·상담 및
안전관리 등 일상생활에 필요한 편의를 제공함을 목적으로
하는 시설"이라고 규정하고 있다.

    노인복지주택은 단독주택이나 아파트와 같은 「주택법」상
'주택'이 아니고, 「노인복지법」상 '노인복지시설'이라는 점
에 유의해야 한다. 주택은 누구나 자유롭게 사고팔고 임대·
임차할 수 있지만, 노인주택은 노인이 있는 가구만 사고팔고
임대차도 일정한 조건에서만 가능하다. 실버주택은 주택업
자들이 참여한 경우가 많았지만, 부작용이 적지 않아서 공공
의 참여가 절실했다.

실버주택에 대한 수요

인간은 생애주기별로 주거에 대한 수요가 달라진다. 일반적으로 아동과 청소년기에는 부모 집에서 살고, 청년기에는 진학이나 취업을 위해 분가하기도 한다. 결혼을 하면 부모 집에서 분가하고, 자녀를 낳고 키우면서 집을 키워 간다. 자녀를 결혼시킨 이후에는 집의 크기를 줄인다.

현재 노인은 대부분 어린 시절에 농촌에서 살았고 청장년 기에 도시에서 살았다. 노후에 자기 집에서 사는 경우는 비교적 주거가 안정되지만, 임차주택에서 살면 주거가 불안하다. 자기 집이라도 주택이 노후화되면 주거조건이 열악할 수 있다.

대도시 빈민지역에 사는 노인들은 쪽방촌, 판잣집 등 열악한 주거환경에 사는 경우가 적지 않다. 국토교통부는 '주택 이외 거처'(비주택)에 거주하는 취약계층을 대상으로 주거실태조사를 하기로 했다. '주택 이외 거처'란 판잣집, 쪽방, 비닐하우스, 움막, 컨테이너, 임시막사, 오피스텔, 고시원, 모텔·여인숙 등과 같은 시설이다. 노인은 비주택에 거주하는 비율이 높고 자신의 집에서 살더라도 노후주택을 개조하지 못한 채 살기 쉽다. 중산층 노인도 전체 생활비 중에서 가스요금, 전기요금 등 주거관리비의 부담이 커서 삶의 질이 떨어질 수 있다.

노인은 나이가 들면서 건강상태가 나빠질 가능성이 높기에  가정에 비상벨, 욕실과 복도에 안전손잡이, 높낮이 조절용 세면대와 같이 편리한 주거설비를 필요로 한다. 보통 집에는 이러한 시설과 설비가 없고, 새로 설치할 경우에는 상당한 비용이 들기에 처음부터 노인이 살기에 적합한 실버주택을 공급할 필요가 있다.

공공실버주택의 공급

그동안 실버주택은 민간 건설업자가 주도적으로 공급하거나 사회복지법인 등과 협력하여 공급하는 경우가 많았다. 정부는 실버주택에 대한 민간의 참여를 장려하기 위해 각종 지원을 하였다. 그런데 건설업자들은 노인복지시설인 실버주택을 마치 아파트처럼 분양한다고 홍보하는 경우가 적지 않았다. 실버주택은 아파트와 달리 65세 이상 노인이나 노인과

함께 거주하는 사람만 분양받을 수 있고, 매매도 이 사람에게만 제한된다. 이 때문에 거래에 불편을 느낀 입주자들이 항의하는 경우가 많았고, 실버주택을 공급한 건설업체가 부도를 내면 계약금이나 입주보증금을 돌려받지 못하는 사례도 생겼다.

이에 국토부는 전국에 공공실버주택의 건립을 지원하기 시작했다. 공공실버주택은 공동주택의 저층부에 실버복지관을 설치하고 상층부에 고령자 맞춤형 주택을 건설해 주거와 복지 서비스를 함께 제공한다. 실버주택의 특징은 주거공간의 경우 문턱을 없애고, 복도·욕실 등에 안전 손잡이·비상콜 등을 설치한 것이다. 복지관에는 물리치료·건강진단과 댄스·치매 예방용 보드게임 등이 가능한 시설이 있다. 입주 대상은 65세 이상 저소득층(수급자 등)이고, 국가유공자나 독거노인 등은 우선 공급 대상이다.

공공실버주택에 대한 주민 만족도

공공실버주택의 입주민은 실버복지관에 있는 물리치료실, 경로식당, 탁구장 등 운동시설에서 건강을 관리하고, 소공연장, 문화강좌실 등에서 여가를 즐기며, 옥상 텃밭을 활용할 수도 있다. 입주자의 만족도는 높은 편이다. 8년 전 허리수술로 복대를 착용하고 간신히 걸어 다니는 한 할머니는 전에 살던 집에선 어둡고 미끄러워 밤에 화장실 가기가 겁이 났지만, 비상안전유도등, 화장실 내 안전손잡이, 비상콜 등이 설치된 실버주택에 입주한 후 걱정이 싹 사라졌다고 했다. 거동이 불편한 탓에 혼자 식사 준비하기도 힘들었는데 복지관에서 맛있는 점심과 간식도 챙겨 주고 물리치료실에서 허리 통증도 치료해 줘 더없이 행복하다는 것이다.

2020년까지 공공실버주택 5천호를 건립하겠다는 것은 수요에 비교하여 턱없이 부족한 편이다. 노인 수는 폭발적으로 늘고, 대부분 부부 혹은 혼자 살기에 실버주택에 대한 수요가 더욱 커질 것이다.

에너지 바우처로
연료비를 받을 수 있다

　에너지 바우처 사업은 적정 수준의 난방이 어려운 에너지 소외계층에게 동절기 동안 전기, 도시가스, 지역난방 요금을 자동으로 차감하거나 등유, LPG, 연탄을 구입하는 카드 형태의 바우처를 지급하는 것이다. 해당 시민이 읍·면·동 행정복지센터에 에너지 바우처를 신청하고 대상자로 확정되면 쓸 수 있다. 한국에너지공단은 신청 대상 가구를 약 60만 가구로 추정했다.

에너지 바우처 신청할 수 있는 사람

　에너지 바우처를 신청할 수 있는 사람은 「국민기초생활보장법」에 따른 생계급여 또는 의료급여 수급자로서 주민등록표상 가구원 중에 노인, 영유아, 장애인, 임산부가 한 명이라도 있어야 한다. 노인은 주민등록 기준으로 만 65세 이상이고, 장애인은 「장애인복지법」에 따라 등록된 1~6급 장애인이며, 임산부는 임신 중이거나 분만 후 6개월 미만인 여성이다.

가구 소득인정액이 기준 중위소득의 40% 이하인 가구인데 기초생활보장 수급자가 아니라면 읍·면·동 행정복지센터에 수급자 신청을 해야 한다. 에너지 바우처는 해당 가구의 소득인정액과 가구 구성만으로 주어지지 않고, 현재 생계급여나 의료급여 수급자 중 노인, 영유아, 장애인, 임산부 등이 있는 가구만 신청할 수 있기 때문이다.

에너지 바우처 신청 절차

에너지 바우처를 신청할 자격이 있는 사람은 주민등록상 거주지 읍·면·동 행정복지센터에 신청서를 접수하면 된다. 신청기간은 10월부터 다음 해 1월까지이고, 기간이 지나

면 신청할 수 없다. 한국에너지공단은 9월에 전국 지방자치단체 공무원을 대상으로 에너지 바우처 설명회를 실시하였다.

수급자가 읍·면·동 행정복지센터에 방문하거나 전화

로 신청하는 것이 원칙이지만, 거동이 불편한 경우에는 가족(주민등록표상의 가구원), 친척(8촌 이내의 혈족, 4촌 이내의 인척), 법정대리인 또는 담당공무원이 신청자의 동의를 받아 대리로 신청할 수 있다. 작년에 에너지 바우처를 받은 사람이 정보변동이 없고 자격유지가 되는 가족이 있으면 자동으로 신청된다. 이사를 하였거나 가구원 수 등에 변경이 있는 사람은 읍·면·동 행정복지센터에 새로 신청해야 한다. 자격 여건 등에 대한 문의는 읍·면·동 담당자나 콜센터(1600-3190)로 하면 된다.

카드 신청을 할 때 유의할 점

영유아·고령자·장애인 등은 국민행복카드 발급이 불가능한 경우가 많아, 가급적 가구원 중 카드 사용이 용이한 생계·의료급여 수급자의 이름으로 신청하는 것이 편리하다. 거동이 불편한 사람 등은 독거노인생활관리사, 장애인활동보조인, 요양보호사, 자원봉사자 등 관련자들의 협조를 얻어 체크리스트를 작성하여 읍·면·동에 제출할 수 있다.

새로 신청할 경우에 본인은 신분증을 가지고 신청서를 제출하면 된다. 대리 신청일 경우에는 수급자의 위임장과 대리인의 신분증이 있어야 한다. 신청서 양식은 읍·면·동 행정 복지센터에 있다. 요금 감면을 원하는 에너지원 고지서를 제출하거나 '국민행복카드'로 등유, LPG, 연탄 등을 직접 구입하면 된다. 고지서는 가장 최근에 납부한 전기, 도시가스, 지역난방 요금고지서(영수증)를 하나 선택하여 제출하고, 아파트 거주자는 관리비 고지서를 제출하면 된다.

에너지 바우처 어떻게 사용하나

에너지 바우처의 사용기간은 11월부터 다음 해 5월까지 총 7개월이다. 난방이나 온수 사용이 장기간 필요한 노인이나 임산부, 장애인 등의 에너지 사용 여건을 감안해 사용기한을 7개월간으로 늘렸다. 이 기간에 사용하지 않으면 에너지 바우처는 소멸된다.

지원 금액도 가구별 에너지 수요 특성을 고려해 조금씩 인상했다. 1인가구는 지난해보다 1,000원 늘어난 8만 4,000원, 2인가구는 4,000원 늘어난 10만 8,000원, 3인 이상 가구는 5,000원 늘어난 12만 원을 받을 수 있다. 지원 금액은 매년 조금씩 달라질 수 있다.

에너지 바우처는 본인이 감면받길 원하는 에너지 요금을 그

액수만큼 절감받는 방식이다. 예컨대, 3인가구가 에너지 바우처로 전기요금을 절감받길 희망하면 전기요금 중 12만 원을 절감받을 수 있다. 본인이 등유, LPG, 연탄 등을 직접 구입하길 희망하면 '국민행복카드'에 12만 원이 적립된다. 현금을 주면 에너지를 구입하는 데 쓰지 않고 다른 생활용품을 구입하는 것을 막기 위한 것이다. 수급자는 에너지를 구입하거나 관련 요금을 감면받는 데만 에너지 바우처를 쓸 수 있다.

가구 소득인정액이
45% 이하면 주거급여를 받을 수 있다

　주거급여는 가구 소득인정액이 기준 중위소득의 45% 이하
일 때 선정되어, 지역별 기준임대료를 받을 수 있다. 그동안
주거급여는 실제 임대료에 비교하여 턱없이 부족했는데 점
차 현실화되고 있다. 주거급여는 부양의무자 기준이 폐지되
어 해당 가구의 소득인정액만으로 수급자가 선정된다.

　세입자의 월 기준임대료는 서울, 경기·인천, 광역시, 그
외 지역 등 4급지로 나뉘고, 가구원 수가 증가되면 증액된다.
2020년 기준 1인가구의 기준임대료는 서울 26.6만 원, 경기·
인천 22.5만 원, 광주 등 광역시 17.9만 원, 기타 지역 15.8만
원이고, 4인가구의 기준임대료는 각각 41.5만 원, 35.1만 원,
27.4만 원, 23.9만 원이다. 기준임대료는 매년 조금씩 인상되
는 경향이 있다.

　주거급여는 지역별 기준임대료, 해당 가구가 실제 지불하
는 임차료 등을 고려하여 받는다. 가구의 소득인정액이 생계

급여 선정기준(중위소득의 30%) 이하인 경우 기준임대료 범위 내에서 해당 가구가 실제 부담하는 임차료(실제임차료) 전액을 받고, 소득인정액이 생계급여 선정기준을 초과하는 경우에는 기준임대료(또는 실제임차료)에서 자기부담분(소득인정액에서 생계급여 선정기준을 뺀 금액의 1/2)을 차감한다.

2018년 10월부터는 기준 중위소득의 43% 이하인 가구는 부양의무자와 상관없이 주거급여를 받을 수 있다. 과거 소득인정액이 낮더라도 부양의무자가 있다는 이유로 받지 못한 사람도 이제 신청하면 주거급여를 받을 수 있다. 주거급여 대상자는 2019년에 기준 중위소득의 44% 이하에서 2020년에는 45% 이하로 확대되었다.

주택연금으로
노후 생활비를 충당할 수 있다

    국민이 노후에 소득보장을 받기 위해 공적 연금만으로 생활하기 어려운 사람은 주택연금을 활용할 필요가 있다. 국민연금과 공무원연금 등은 '사회보험'이고, 개인연금은 '민간보험'이며, 주택연금·농지연금은 '담보대출'이라는 금융상품이다.

주택연금을 국가가 장려하는 이유

    개인이 노후를 잘 대비하려면 소득을 벌고 재산을 불리면서 국민연금 등 사회보험에 가입하고 개인연금에 드는 것이 좋다. 주택연금과 농지연금은 '금융상품'의 하나로 사회보험과 대체되기 어렵다. 정부가 주택연금과 연계된 '내집연금 3종 세트'를 만들어 국민에게 홍보하고 장려하는 이유는 노령층의 가계부채를 해결하고 노후 대책을 세우려는 것이다.

    주택연금은 만 60세 이상이 소유한 주택을 담보로 맡기고 평

생 혹은 일정한 기간 매월 연금방식으로 생활자금을 지급받는 역모기지론이다. 주택을 담보로 은행에서 대출받고 20년 혹은 30년간 갚는 것을 모기지론이라 하는데, 주택연금은 주택을 담보로 노후 생활비를 받기에 역모기지론이라 부른다.

주택연금은 2007년 7월에 시작되어 2016년 2월에 가입자 3만 명을 넘었는데, 금융위원회는 내집연금 3종 세트로 주택연금 가입자를 48만 명까지 늘릴 계획이다. 정부가 주택연금 관련 제도를 바꿔 가입자를 늘리려는 것은 노년층의 가계부채가 심각하여, 주택을 소득으로 전환시켜 생활안정을 꾀하려는 것이다. 나이스평가정보에 따르면 2005년에 가계부채 중 50대와 60대의 점유비중은 23.6%, 13.1%이었는데, 2015년에 각각 29%, 18.3%로 증가했다. 자녀양육과 부모공양 등을 위해 빚을 지는 경우가 늘었기 때문이다.

우리나라 노인 빈곤율은 43.8%로 OECD 국가 중 가장 높다. 60세 이상 가구가 보유한 자산의 약 80%가 부동산인데, 자식 결혼 등 목돈이 필요할 때마다 대출을 받다 보니 이자를 내면 쓸 돈이 없다. 60세 이상 가구주의 부채는 평균 4,785만 원으로 모든 연령층에서 증가 폭이 가장 크다.

많은 노년층은 주택을 제외하면 당장 쓸 수 있는 돈이 별로 없는 상황이다. 이 때문에 정부는 소유한 주택에서 사는 것을 조건으로 담보대출을 받는 주택연금을 장려하고 있다. 노년층이 주택연금을 통해 가계부채를 해결하고 남은 돈으로 연금처럼 받아 살 수 있도록 '내집연금 3종 세트'를 개발했다.

내집연금 3종 세트의 특징

집은 자녀에게 물려주는 재산이란 의미가 강했는데, '자식에게 물려줄 것은 집이 아니라 부모의 행복한 노후'라는 사고의 전환이 필요한 시점이다. 재산이라고는 집밖에 없는 노인이 궁핍하게 사는 것보다는 그 집을 담보로 노후 생활자금을 받아서 행복하게 사는 것이 자녀에게도 부담을 주지 않는다는 인식이다.

금융위원회가 만든 40~60대 고령층의 주택담보대출과 주택연금을 연계하는 '내집연금 3종 세트'는 만 60세 이상을 대상으로 하는 '주택연금 전환형', 40~50대를 위한 '보금자리론 연계형 주택연금', 저소득층에게 더 많은 연금을 지급하는 '우대형 상품' 등이다. 기존 주택연금은 담보대출이 없어야

하는데 새 상품은 담보대출이 있으면 빚을 털고 가입할 수 있도록 한 것이다.

주택연금 전환형은 주택담보대출을 가진 60세 이상이 가입할 경우 일부를 대출 상환에 활용하고 잔여분은 매월 연금으로 받는 것이다. 주택연금 일시 인출 가능한도를 현행 50%에서 70%로 늘려 대출 상환이 더욱 수월할 수 있도록 했고, 제2금융권 이용자도 은행에서 주택연금에 가입해 일시인출을 통한 대출 상환이 가능하다. 주택을 담보로 대출받은 경우에는 일시불로 빚을 갚고 나머지를 연금처럼 받을 수 있다.

보금자리론 연계형 주택연금은 보금자리론 이용자나 기존 일시상환·변동금리 주택담보대출에서 보금자리론으로 전환하는 사람들에게 주택연금 가입을 약정하는 것이다. 신규 보금자리론을 이용하면서 추후 주택연금에 가입을 약속하면 보금자리론 금리를 우대받는다.

소득과 자산이 일정 수준 이하인 고령층에게 이자율을 낮춘 '우대형 주택연금'이 제공된다. 가입 대상은 주택가격 1억 5,000만 원 이하로 부부 기준 1주택 소유자다. 기존 주택연금보다 월지급금이 8~15% 정도 높은데 고령일수록 액수가 더 늘어난다.

   내집연금 3종 세트는 각기 특징이 있기에 이를 활용하려는 사람은 자신의 상황을 꼼꼼히 따져야 한다. 주택연금이나 내집연금은 '연금'이란 낱말을 쓰더라도 '주택담보대출'이기에 해약 시에는 손실을 감수해야 한다. 주택연금에 비판적인 사람은 주택담보 대출이고, 국가가 보증하는 역모기지론일 뿐이라고 주장한다. 대출이자가 발생하고 근저당이 잡혀 재산권 행사에 어려움이 있다. 대도시 사람은 주택가격이 높아서 상당한 금액을 연금으로 받지만, 농어촌 사람은 소액밖에 받을 수 없다는 점도 한계이다. 주택가격의 양극화는 주택연금의 양극화로 이어져 불평등은 해소되지 않는다.

   그럼에도 불구하고 주택연금은 몇 가지 장점이 있다. 내 집에서 평생 동안 살면서 일정액의 생활자금을 받을 수 있다. 실례로 3억 4,000만 원짜리 빌라에서 사는 한 노인은 5년 전 집을 은행에 담보로 맡기고 매달 80만 원의 주택연금을 받는다. 그는 "본인 말고 배우자까지 계속 동일 금액을 준다는 것이 굉장히 매력 포인트"라고 말했다. 현재 주택연금 가입자들의 평균은 72세 가구주가 2억 8,000만 원짜리 주택을 담보로 월 99만 원씩을 받고 있다.

주택연금은 시간이 지나서 주택가격이 떨어져도 약정된 연금이 나온다는 장점이 있다. 지급된 연금 총액이 주택가격보다 높아도 계속 지급되고, 사망 시 연금 총액이 주택가격보다 적으면 나머지는 상속자에게 지급된다.

정부는 주택연금이 고령층 부채 감축과 노후 대비, 주거 안정 등 1석 3조 효과가 있다고 보고 부부 중 한 사람만 60세 이상이면 가입할 수 있고, 9억 원이 넘는 집이나 주거용 오피스텔까지 대상도 확대시킬 예정이다. 가진 것이 집밖에 없는 노년층은 주택연금과 내집연금 3종 세트를 잘 활용하면 노후 소득을 보장받을 수 있다.

활기찬 노년생활

5.

학습할
    권리가 있다

5
학습할 권리가 있다

모든 노인은 학습할 권리가 있다. 「헌법」과 「교육기본법」은 모든 국민에게 초등교육과 중학교 교육을 무상의무로 교육받을 권리를 규정하고 있다. 대한민국 「헌법」 제31조 제1항에는 "모든 국민은 능력에 따라 균등하게 교육을 받을 권리를 가진다."라고 규정되어 있다. 제2항은 "모든 국민은 그 보호하는 자녀에게 적어도 초등교육과 법률이 정하는 교육을 받게 할 의무를 진다."라고 되어 있다. 「헌법」상 모든 국민은 초등교육과 중학교 교육을 무상으로 배울 권리가 있다.

그런데 현실에서 이른바 학령기를 벗어난 성인은 학교교육을 받을 권리가 박탈되어 있다. 이에 전국 주요 초등학교에

'성인문해교실'을 두고, 중학교에 '성인반'을 개설할 것을 제안한다.

또한 고등학교를 다니고 싶은 사람은 교육급여와 고교학비 지원제도를 잘 활용하면 무상으로 공부할 수 있다. 가구 소득인정액이 기준 중위소득의 50% 이하인 국민은 읍·면·동에 신청하면 교육급여 수급자가 될 수 있다. 교육급여 수급자는 부양의무자 기준이 없기에 노인은 따로 사는 자녀의 소득에 상관없이 교육급여를 받을 수 있다. 중위소득의 60% 이하면 학교장의 인정으로 '고교학비지원'을 받을 수 있다. 현재 직장인이나 주부 등이 고등학교 교육을 받고 싶다면 방송통신고를 활용하면 된다. 등록금이 매우 저렴하고, 평소에는 방송강의를 듣고 주말에 출석수업을 받으면 졸업할 수 있다.

대학교에 진학하고 싶다면 '만학도 전형'을 활용하면 된다. 만학도 전형은 고등학교 성적만으로 원서를 쓸 수 있고, 정원 외 입학으로 쉽게 합격할 수 있다. 국가장학금만으로 대학교를 쉽게 졸업할 수 있다. 대학생은 가구 소득인정액이 기준 중위소득의 200% 이하일 때 국가장학금을 차등하여 받을 수 있다.

「헌법」상 규정된 모든 국민의 교육받을 권리를 국가가 보

장하기 위해 적극적인 정책을 펴야 한다. 모든 국민은 초등학교와 중학교 교육을 무상으로 누릴 수 있었음에도 불구하고, 이를 방임한 것을 반성하고 성인 친화적인 학교로 바꾸는 것을 성찰해야 한다. 방송통신고등학교와 국가장학금을 활용하면 대학교 교육까지 사실상 무상으로 제공받을 수 있다. 여유 교실이 있는 초·중등학교를 시민을 위한 평생교육공간으로 활용하여 '지혜의 숲'으로 활용할 수 있다.

초 · 중등학교
'성인반'에서 공부할 수 있다

국립국어원의 통계로 19세 이상 문맹자는 62만 명으로 성인의 1.7%이지만, 읽고 쓰는 능력이 전혀 없거나 문장이해능력이 낮은 성인은 약 260만 명으로 문맹률은 7%이다. 국가평생교육진흥원에 따르면, 중졸 미만인 성인은 577만 명이지만, 문맹자를 위한 한글교육을 받는 사람은 연간 약 2만 명에 불과하다. 현재 방식으로는 다수 성인이 「헌법」상 보장된 교육받을 권리를 누릴 수 없다. 기존 교육제도를 잘 활용하여 성인 친화적으로 만들면 문해교육을 획기적으로 높일 수 있고, 모든 국민이 고등교육을 받을 수 있다.

전국 주요 초 · 중등학교에 '성인반'을 개설할 것을 제안한다. 현재도 성인반이 있는 초등학교에서 240시간만 한글, 수학 등 기초교육을 받으면 졸업장을 받을 수 있다. 광주에서

는 월산초등학교에 성인반이 있는데, 일주일에 3일씩 1년간 등교하면 졸업을 할 수 있다. 성인을 위한 기초교육은 초·중등학교가 아닌 평생학습기관을 이용한 경우가 많았다. 이러한 교육을 이수한 성인들은 검정고시에 합격할 때만 학력인정을 받을 수 있다. 성인이 검정고시에 합격하기는 쉽지 않기에 중도에 포기하는 사람이 많은데, 초등학교에 성인반을 만들면 성인들이 쉽게 과정을 마칠 수 있다.

현재 노인들은 일제강점하에 태어나서 해방과 한국전쟁기에 어린 시절을 보내느라 초등학교를 졸업하지 못한 사람이 많았다. 학령기 아동의 교육받을 권리를 챙기는 것은 보호자의 책임이지만, 노인 등 성인의 교육받을 권리를 보장하기 위해서는 정부가 나서야 한다. 거의 모든 읍·면·동에 초·중등학교가 있기에 성인반을 개설하여 원하는 모든 성인에게 공부할 기회를 주어야 한다. 이미 학교와 교사가 있기에 '성인반'을 개설하기만 하면 된다.

국가가 진정으로 성인의 문해교육에 관심을 갖는다면, 주요 초·중등학교에 성인반을 만들어서 쉽고 재미있게 공부할 수 있도록 해야 한다. 광주광역시의 경우 월산초등학교에 성인반이 있고, 이곳을 졸업하면 치평중학교 성인반, 전남여

자고등학교·광주고등학교에 있는 방송통신고등학교로 진학하는 경우가 많다. 수강생의 욕구를 반영하여 교육과정을 '노인대학'식으로 운영하는 것도 한 방법이다. 오전에는 기초학습을 하고, 오후에는 건강관리, 인간관계훈련, 취미생활, 요리 등 생활학습에 집중한다. 교육지원청과 대한노인회 등이 상호 협력하여 노인에게 맞는 교육과정을 함께 개발하는 것도 좋겠다.

교육급여와
고교학비 지원을 활용한다

교육급여는 소득인정액이 중위소득의 50% 이하일 때 선정되어, 고등학교 입학금·수업료와 초·중학교의 부교재비, 중·고등학교의 학용품비 등을 받을 수 있다. 가구 소득인정액이 기준 중위소득의 50% 이하인 사람은 누구든지 신청하면 교육급여를 받을 수 있다. 교육급여는 부양의무자 기준이 없다.

노인은 부양의무자인 자녀의 소득이 높아도 생계와 주거를 별도로 할 경우 자신 가구의 소득인정액에 따라 교육급여를 받을 수 있다. 소득과 재산은 국세청 등을 통해 파악할 수 있는 '공부상 기준'이므로 경제적으로 어려운 가구는 일단 신청하는 것이 좋다. 2020년 기준으로 1인가구는 878,597원, 2인가구는 1,495,990원, 3인가구는 1,935,289원, 4인가구는 2,374,587원 이하인 사람은 신청만 하면 교육급여를 받을 수 있다.

교육급여는 중·고등학생에게만 지급하는 학용품비를 2018년부터 초등학생에게도 추가 지원하고 있다. 2020년에는 초등학생은 부교재비 174,000원과 학용품비 72,000원이고, 중학생은 212,000원과 학용품비 83,000원이며, 고등학생은 339,200원과 83,000원이다. 교육급여 액수는 매년 조금씩 인상되는 경향이 있다.

국가장학금을 받아서
국·공립대학교를 무상으로 다닌다

국가장학금은 대학생이 소득, 학점이수, 성적 등 조건을 갖추고 '신청'할 때 받을 수 있다. 소득이 8분위 이하이고 직전 학기에 12학점 이상을 이수하여 평균 성적 80점 이상이라도 본인이 신청하지 않으면 받을 수 없다. 학교에서 주는 성적 장학금은 학교가 성적순으로 선정하는데, 국가장학금은 본인이 신청한 경우에만 받을 수 있다. 재학생은 직전 학기에 12학점 이상을 이수하였다면 성적과 소득분위에 상관없이 일단 신청하는 것이 좋다.

2020학년도 1학기 국가장학금은 연간 520만 원까지 받을 수 있다. 국민기초생활보장 수급자와 소득인정액이 낮은 사람은 520만 원(학기당 260만 원)까지 받을 수 있고, 소득인정액이 높아지면 장학금은 조금씩 줄어든다.

소득계층을 10등급으로 나누어서 하위 1~3구간은 연간 520만 원(학기당 260만 원)까지 장학금을 받고, 4구간은 연간

390만 원(195만 원), 5~6구간은 연간 368만 원(184만 원), 7구간은 연간 120만 원(60만 원), 8구간은 연간 67만 5,000원(33만 7,500원)까지 받을 수 있다.

대학생이 내야 할 등록금 총액이 장학금의 한도액보다 낮으면 장학금은 등록금만큼 받을 수 있다. 즉, 어떤 대학생이 국가장학금을 학기당 260만 원까지 받을 수 있는데, 등록금이 300만 원이면 260만 원까지 받고, 등록금이 250만 원이면 장학금도 250만 원이다.

국가장학금은 셋째 이상 자녀를 둔 다자녀 가구 대학생은 더

받을 수 있다. 소득계층이 1~3구간인 대학생은 장학금을 연간 520만 원 받을 수 있고, 4~8구간은 450만 원까지 받을 수 있다. 3자녀 이상 가구에게 주는 국가장학금은 첫째부터 모두 적용된다. 3자녀 이상 가구의 대학생은 등록금이 사립보다 낮은 국립·공립대학교를 사실상 무상으로 다닐 수 있다.

대학생이라면 가구당 소득인정액이 연간 1억 1,398만 176원 이하(2020년 기준)일 때 신청하면 국가장학금을 67만 5,000원까지 받을 수 있다. 소득인정액 기준은 매년 달라지기에 가구 소득인정액이 월 949.8만 원 이하인 사람도 일단 신청하는 것이 좋다. 기준은 매년 조금씩 달라져도, 신청한 사람은 장학금을 받지만 신청하지 않으면 장학금을 받을 수 없다.

가구의 소득인정액이 궁금하면 한국장학재단 홈페이지에서 '모의계산'을 해 보기 바란다. 모의계산은 어디까지나 참고사항이고, 정확한 판단은 한국장학재단이 하니 대학생은 일단 신청하고 볼 일이다.

참고: 한국장학재단(http://www.kosaf.go.kr)

평생교육진흥원에서
온·오프라인 교육을 받는다

   노인은 공교육뿐만 아니라 평생학습의 기회를 적극 활용하면 삶의 질을 높일 수 있다. 한국은 다른 OECD 회원국가와 비교하여 성인기에는 장시간 근로로 인해 평생학습에 참여할 시간이 적고, 평생학습기관과 프로그램 등 인프라도 부족하다. 이 때문에 한국 성인의 평생학습 참여율은 35.7%로 유럽연합 평균인 45.1%에 크게 못 미친다.

   공자는 『논어』에서 배움의 즐거움을 "배우고 때때로 그것을 익히면 또한 기쁘지 아니한가(學而時習之 不亦說乎)"라고 말했다. 정부는 시민이 배움을 즐기도록 시·도 평생교육진흥원을 통해 각종 교육과정을 지원한다. 광주평생교육진흥원의 사례를 통해 평생교육진흥원이 어떻게 운영되는지를 살펴본다.

   광주평생교육진흥원은 '시·행·학' 프로그램 57개를 발표했다. '시·행·학'은 '시민이 행복한 평생학습'의 약칭이고,

응모한 8개 분야 108개 사업 중 57개가 선정되었다. 모든 프로그램은 정부 재정 지원을 받기에 무료 혹은 소액의 참가비로 운영된다. 관심 있는 시민은 해당 교육과정에 등록하기 바란다.

평생교육진흥원은 매년 전·후반기로 나누어 '시민이 행복한 평생학습—시·행·학'을 운영한다. 지원하는 프로그램의 수가 매년 늘어나고, 각 프로그램에 대한 반응도 높아지고 있다. 선정된 사업은 광주형 평생학습 특화 프로그램(3개), 빛고을 시민대학(3개), 일자리 연계 및 생활체육 활성화 프로그램(13개), 장애인 평생학습(17개), 인문학 교육 활성화 지원사업(4개), 미래설계 아카데미(4개), 앙코르 커리어개발 교육과정(10개), 사회공헌활동가 양성과정(3개) 등이다.

평생교육사업은 기초생활보장 수급자, 장애인, 노인, 경력단절 여성, 취·창업을 준비하는 청년 등에게 강조점을 둔 것이 많다. 예컨대, 장애인 평생학습 프로그램 등은 장애인에게 특화된 과정이다. 각 과정마다 표적 집단이 있기에 관심 있는 사람은 홈페이지에서 내용을 확인하기 바란다. 각 사업마다 목적, 운영기관, 교육기간, 장소, 모집 대상, 강사 등이 소개되어 있다.

초 · 중등학교를 '지혜의 숲'으로 만든다

　초 · 중등학교의 일부 건물을 '시민 지혜의 숲'으로 개조하여 시민을 위한 교육 · 문화 · 복지공간으로 발전시키면 좋겠다. 예컨대, 광주에서 가장 오래된 서석초등학교는 한때 재학생이 만 명이었지만 현재 179명이다. 이들을 가르치기 위해 40명 교직원이 11개 학급을 운영하고 46개 교실을 사용한다.

　초 · 중등학교를 초등학생만을 위한 공간이 아닌 시민을 위한 교육 · 문화 · 복지공간으로 활용하겠다는 뜻만 있으면 건물의 일부를 '지혜의 숲'으로 발전시킬 수 있다. 학생의 도서관이면서 시민을 위한 공간으로 발전시키는 운동을 전 시민이 펼치면 참 좋겠다. 지혜의 숲에 책이나 미술품을 전시하고, 각종 교육 · 문화 · 복지 관련 강좌를 개설하여 시민이 배움의 기회를 갖도록 하자. 시민이 배운 것을 발표하는 학습공동체를 형성하고, 다양한 사회참여와 봉사활동을 통해 복지공동체를 발전시키면 삶의 질을 높일 수 있다.

연금제도가 성숙되면 생계를 위해 일해야 하는 노인들은 점차 줄어들 것이다. 공무원연금 등을 타는 사람은 건강하면 연금만으로 충분히 살 수 있다. 따라서 이웃의 삶을 살피고, 이웃과 더불어 사는 새로운 문화를 만들어 가야 한다. 지역의 중심에 있는 초등학교에 지혜의 숲을 만드는 것은 지속 가능한 도시를 위해 꼭 필요한 과제이다.

지식정보화사회에
맞는 교육을 받는다

　과거에는 읽고 쓰고 셈하기만 할 수 있으면 살아가는 데 큰
지장이 없었지만, 지금은 한글·한문·영어 등 배워야 할 것
이 많다. 휴대전화로 문자를 보내거나 사진을 찍어서 카톡으
로 보내기 등은 일상이 되었기에 누구든지 디지털 문맹에서
벗어나야 한다. 영유아에서 노인까지 생애단계별로 필요한
학습을 하는 것은 복지의 기본이다. 평생교육은 국가가 챙겨
야 하겠지만, 시민 스스로 평생학습에 관심을 가져야 한다.
　귀농·귀촌하는 사람이 늘어나면서 농사를 공부하는 사람
도 늘어났다. 전국 농업기술센터에서 텃밭 가꾸기, 양봉, 약
초재배, 집짓기 등을 미리 배워 두면 정착에 큰 도움이 된다.
농촌에서 살려면 미리 배워 두어야 할 것이 더 있다. 도시에
있는 문화센터, 주민센터, 여성회관 등에서 쉽게 배울 수 있
지만, 농촌에는 없거나 있어도 거리가 멀기에 미리 배워 두는
것이 좋다.

재봉틀을 돌리는 등 생활바느질을 할 수 있으면 삶이 풍요로워진다. 아파트단지마다 있는 세탁소나 수선집이 농어촌에는 별로 없기에 바느질과 천연염색을 할 줄 알면 대접을 받을 수 있다.

효소 담기, 술 담기, 야생차, 천연비누 만들기 등은 농촌의 삶을 진정으로 누리게 하고 소득에도 도움을 준다. 농촌에는 몸에 좋은 풀, 야생화, 과일 등이 많아서 이를 잘 갈무리하면 음식이 되고 지인들에게 선물로 줄 수 있으며 입소문이 나면 판매되어 소득원이 된다. 예를 들면, 감나무의 어린 감잎은 차가 되고, 떫은 감은 천연염색의 재료이며, 익은 감은 곶감이나 감식초의 재료가 된다. 농산물은 가공하거나 효소를 만들어 보관하면 가치가 높아지기에 생산과 함께 가공과 유통도 배울 필요가 있다. 배움은 삶의 질을 높이고 전문성도 높여 준다. 양도 소중하지만 질과 전문성은 가치를 높여 준다.

지식정보화사회에서 가장 배움이 필요한 사람은 노인이다. 노인은 어린 시절을 일제하에서 보냈고, 해방과 전쟁 등을 겪으면서 체계적으로 배울 기회를 잃은 경우가 많았다. 여성 노인들은 오빠와 동생을 위해 배워야 할 어린 나이에 일터로 간 경우가 많았다. 어깨너머로 한글과 셈은 배웠더라도 한

문·영어·인터넷까지 잘 활용하는 노인은 그리 많지 않다. 한국은 인터넷 강국을 지향하고 정부의 많은 일은 전자정부에서 처리되기에 인터넷을 활용할 줄 모르면 불편이 크다. 다소 늦었다고 생각할 때 정보화교육을 꼭 받아야 한다.

55세 이상은 노인단체, 대학 평생교육원 등 지정된 정보화교육기관을 통해 기초과정과 실용과정을 등록하면 무상으로 배울 수 있다. 기초과정은 컴사랑 글사랑, 정보생활 첫걸음, 한글 등이 있고, 실용과정은 편리한 디지털, 재미난 디지털, 스마트한 생활을 위한 대한민국 전자정부, 아이폰과 만나기 등이 있다. 어르신 정보화교육에 등록하면 교통비와 식비를 지원받고, 자격증 취득자는 축하금으로 취득수당도 받을 수

있다. 인터넷 활용능력이 뛰어난 어르신은 초보자인 어르신을 위한 봉사활동을 하면서 용돈도 벌 수 있다.

　평생학습은 자신의 삶을 풍요롭게 할 뿐만 아니라 내 일을 찾고 이웃을 만나 인간관계를 맺을 수 있는 좋은 계기를 만들어 준다. 늦었다고 체념하지 말고, 지금 여기에서 배움을 시작하여 배워서 남 주는 사람이 되자.

활기찬 노년생활

6.

편안하게 쉴 권리가 있다

6

편안하게 쉴 권리가 있다

인생은 배우고 일하며 쉬는 시기로 구성되어 있다. 아동과 청소년기는 배우는 시기이고, 청년과 장년기는 일하는 시기이며, 노년기는 쉬는 시기이다. 현재 노인은 어린 시절을 일제하와 해방 시기에서 보낸 경우가 많고, 청년과 장년기에 산업화를 경험하였다. 아침 일찍 일터로 가고 밤이 되어야 집으로 돌아오는 데 익숙하여 쉬고 노는 데 익숙하지 않다.

"노세, 노세. 젊어서 놀아~ 늙어지면 못 노나니~"라는 노래는 있지만, 노는 문화는 잘 발달되지 않았다. 우리보다 먼저 산업화를 경험한 선진국은 주말이 노는 날로 정착되었고, 여행을 하거나 파티나 축제를 여는 경우가 많다. 경제적으로 열악한 많은 나라도 파티나 축제문화는 우리나라보다 훨씬 생활화되어 있다.

한국은 지난 100년간 일제강점기에는 노동력을 착취하기 위해서, 해방 후에는 빠르게 산업화를 경험하면서 '노는 것'을 금기시하였다. 이제 노인은 일에서 점차 해방되고 있지만, 넘쳐나는 여가시간을 즐겁게 보내는 데 미숙하다. 시간은 있지만 삶을 즐길 줄 모르고 보내기 쉽다.

경로우대를 잘 활용하면 지하철을 무상으로 타고, 대중교통을 할인 요금으로 이용할 수 있다. 지하철과 철도 할인을 이용하면 국내 여행을 보다 경제적으로 할 수 있고, 여행 성수기를 피하면 국외 여행도 국내 여행보다 더 저렴하게 할 수도 있다.

문화생활을 하려면 꼭 돈이 있어야 한다는 고정관념이 있는데, 노인은 무료로 입장하거나 경로할인을 받는 경우가 많기에 문화예술을 관람하고, 각종 체험활동에 도전해 볼 수도 있다. 집에서 아침을 먹고 지하철, 기차, 시내버스, 시외버스를 활용하여 가까운 지역을 여행하고, 부부 혹은 친한 사람들과 자동차 여행을 할 수도 있다.

젊은 사람은 놀고 싶어도 시간이 없는데, 노인은 시간은 많

지만 여윳돈이 없는 것이 현실이다. 한국의 물가는 아시아에서 일본을 제외하고 가장 높은 편에 속하기에 동남아시아 등을 여행하면 좀 더 싸게 여행할 수 있다. 고혈압이나 관절염 등 노인성 질환으로 겨울을 나기가 어려운 사람은 따뜻한 남쪽 나라에서 한 달 살아보기 혹은 한 철 살아보기에 도전해 봄직하다. 걷기 여행을 좋아하는 사람은 '산티아고로 가는 길'을 걸어 볼 것을 제안한다.

'경로우대'를 잘 활용한다

    65세 이상 어르신이 누릴 수 있는 '경로우대' 제도가 있다. 그중 대표적인 것이 교통비의 감면인데, 교통수단의 종류마다 감면 비율이 다르기에 잘 알아둘 필요가 있다. 가까운 거리를 대중교통으로 이동할 때에는 지하철을 활용하는 것이 좋다. 만 65세 이상 노인(생일이 지난 자)은 주민등록증 · 운전면허증 · 여권 등 정부가 발행한 신분증만 제시하면 경로우대권을 받아 지하철을 무상으로 이용할 수 있기 때문이다.

    우대권은 1회용 무임승차권으로 교부받거나 무임승차할 수 있는 실버카드를 받아 지하철을 이용할 수 있다. 하루 이용 횟수에 제한이 없으므로 이용할 때마다 1회용 승차권은 창구에서 받고, 실버카드는 협약된 은행에서 발급받으면 된다. 경로우대권 등은 이용 대상자만이 사용할 수 있고 다른 사람이 이용할 경우에는 승차구간의 운임과 그 운임의 30배에 해당하는 부가금을 내야 하기에 신분증을 꼭 챙겨야 한다.

6. 편안하게 쉴 권리가 있다

지하철은 무료이지만 시내버스는 경로 할인이 없다. 과거에는 시내버스도 무임승차권이 있었지만, 지금은 사라졌기에 시내에서는 지하철을 타는 것이 시내버스나 좌석버스를 타는 것보다 이익이다. 지하철은 평일은 물론이고 토·일요일과 공휴일에도 무상으로 이용할 수 있기에 역에서 가까운 관광지나 문화예술시설을 적극 이용하면 경제적인 비용으로 여가생활을 할 수 있다.

노인이 시외로 이동할 때에는 기차를 이용하는 것이 좋다. KTX·새마을호·무궁화호 기차는 요금의 30% 감면을 받을 수 있다. KTX·새마을호는 토·일요일과 공휴일에는 할인율이 적용되지 않는다. 통근열차는 50% 감면을 받을 수 있기에 직장이나 학교 등을 다니기 위해 주기적으로 기차를 타는 경우에는 통근열차를 이용한다. 시외로 이동하거나 먼 거리를 이동할 때 많이 이용하는 시외버스·고속버스 등은 경로 할인이 없다. 기차로 갈 수 있는 지역이라면 기차를 이용하고, 지하철과 기차를 함께 이용하는 것도 한 방법이다.

노인은 항공요금의 10%를 감면(성수기와 일부 노선은 제외)받을 수 있고, 여객선은 요금의 20%를 감면받을 수 있기에 신분증을 꼭 가지고 다니는 것이 좋다. 교통요금 감면을 활용하여 활동의 기회를 늘리면 삶의 질도 높일 수 있다.

여행은
삶을 즐겁게 한다

크루즈 여행의 달인인 한 노인은 "크루즈를 타는 것이 노인요양시설에서 사는 것보다 싸다."라고 말했다. 크루즈를 타면 호텔 같은 서비스를 받는데, 요양시설에서는 환자 같은 서비스를 받기 때문이다. 이 노인은 경로 할인과 단골 할인 등을 활용하면 비슷한 경비로 요양병원이나 요양시설보다 훨씬 고급 서비스를 받고 삶을 즐길 수 있다고 말했다.

문화체육관광부는 한국관광공사 등과 함께 국내 여행 수요 창출을 위한 '겨울여행주간'을 시행했다. 정부가 나서서 겨울여행주간을 설정한 이유는 비수기인 겨울여행을 활성화하고, 겨울 스포츠 인기를 끌어올리기 위해서이다. 이 기간에는 할인 행사가 함께 이루어지고, 지역별로 대표적인 프로그

램이 운영되기에 취향에 맞는 것을 골라서 이용하기 바란다.

　겨울도 따뜻한 편이기에 가족 혹은 친구와 함께 '나들이'나 '당일 여행'을 해 봄직 하다. 이 기간에는 궁궐, 종묘, 국립생태원 등의 입장료를 50% 할인해 주고, 전국 박물관과 미술관 80곳은 무료로 개방되거나 관람료를 할인해 준다고 하니 활용하기 바란다. 흔히 여행을 생각하면 기차나 버스 혹은 자동차를 타고 전국을 여행하거나, 비행기나 배를 타고 해외여행을 하는 것을 생각하기 쉽다. '가성비'를 생각하면 당일치기로 여행하는 것도 한 방법이다. 노인 혹은 장애인이 있을 때에는 여행지의 사정을 알기 어렵기에 당일로 일정을 짜는 것도 한 방법이다.

문화예술시설을
경제적으로 이용한다

노인은 젊은 세대와 비교하여 시간적인 여유가 많다. 젊어서는 돈이 있어도 시간이 없어서 놀지 못했는데, 시간 여유가 많은 노인은 돈이 없어서 여가를 즐기기 어렵다.

노인도 시간이 나면 무료로 갈 수 있는 국·공립박물관, 국·공립공원, 국·공립미술관 등을 적극 관람할 필요가 있다. 노인은 공원이나 노인복지관·사회복지관 등에서 시간을 보내고 경로식당에서 무료로 식사하는 경우가 많다. 복지관에는 노래·춤·악기 등을 배울 수 있는 기회가 많지만, 많은 노인이 역동적으로 활동하기보다는 무료하게 시간을 보내는 경우가 많다.

건강이 허락된다면 문화전당·문화예술회관·미술관·민속박물관 등 각종 국·공립 문화공간을 적극 이용하는 것이 좋다. 문화시설의 각종 전시는 무료가 많고, 설사 이용요금이 있더라도 경로할인이 입장료의 50% 이상이기에 문화활동

을 시도하여 본다.

　노인에 대한 문화활동비의 감면은 국·공립시설뿐만 아니라 민간시설에도 적용되는 경우가 많다. 법적인 경로우대는 국·공립시설에 한정되지만, 민간시설과 지방자치단체의 노력으로 노인은 이용료의 일부를 면제받거나 주민등록상 주민은 무상으로 입장할 수도 있다.

　문화예술시설에서 열리는 각종 전시는 무상으로 관람할 수 있고, 공공도서관은 모든 시민에게 개방되어 있다. 사진을 찍고, 그림을 그리며, 노래 부르기를 좋아한다면 관람을 넘어서 동호인들과 함께 전시하거나 공연을 준비하는 것도 좋다. 역동적인 문화예술활동은 삶의 품격을 높일 수 있다.

문화누리카드를
신청하여 활용한다

　문화누리카드를 신청할 자격이 있는 사람은 기초생활보장
수급자와 차상위계층이다. 좀 더 구체적으로 보면 기초생활
보장 수급자, 조건부 수급자, 아동양육시설・장애인재활시
설・양로시설 등 보장시설 수급자, 차상위자활대상자, 장애
수당・장애아동수당 수급자, 최저생계비의 120% 이하로 희
귀난치성 질환자 등 차상위본인부담경감 대상자, 모 또는 부
와 만 18세 미만(취학 시 22세 미만)의 자녀로 이뤄진 법정저
소득한부모가족, 차상위우선돌봄 수급자, 장애인연금부가급
여 수급자 중 차상위계층 등이다.

　6세 이상의 기초생활보장 수급자와 차상위계층은 누구나
개인단위로 문화누리카드를 신청할 수 있다. 현재 노인의 약
70%가 기초연금을 받고 있다. 기초연금을 받는 노인의 상당
수는 기초생활보장 주거급여나 교육급여를 신청하면 수급
자가 될 수 있다. 주거급여와 교육급여는 부양의무자 기준이

없기에 본인 가구의 소득과 재산만으로 수급자로 선정될 수 있다. 수급자가 되면 해당 복지급여를 받을 뿐만 아니라 '문화누리카드'도 활용할 수 있으니 적극 활용하기 바란다.

또한 기초생활보장 수급자인 노인도 문화누리카드를 신청하지 않으면 받을 수 없다는 것을 꼭 기억하기 바란다. 기초생활보장 수급자의 세대에 3명이 살면 3명이 각각 문화누리카드를 신청할 수 있다. 과거에는 세대별로 10만 원이 지급됐지만 가족수에 따라 형평성이 문제가 되면서 개인별 5만 원으로 시작하여 현재 9만 원으로 인상되었다. 세대별로 하나의 카드를 사용하길 희망하면 세대원 1명의 카드로 합산 신청할 수도 있다.

문화누리카드를 쓸 수 있는 곳은 문화 · 여행 · 스포츠 관람 등으로 다양하다. 영화나 공연을 관람할 수 있을 뿐만 아니라, 도서 · 음반 등을 살 수 있고, 전시를 구경하고, 문화체험을 할 수도 있다. 여행 시에는 철도 · 비행기 · 고속버스 등을 탈 수 있고, 숙박요금을 치르거나 관광지나 테마파크의 입장료로 낼 수도 있다. 야구 · 농구 · 축구 · 배구 등 스포츠 관람비로 자유롭게 쓸 수 있다. 카드 사용은 온라인과 오프라인(가맹점)으로 사용이 가능하다. 즉, 예약사이트에서 카드로 결제할 수 있고, 공연장 입구에서 입장료 등을 지불할 수도 있다.

겨울엔
따뜻한 남쪽 나라에서 산다

경제적 여유가 있는 사람은 겨울엔 따뜻한 남쪽 나라에서 살아본다. 한국의 물가는 아시아에서 일본을 제외한 다른 나라에 비교하여 매우 높은 편이다. 만약 서울에 사는 사람이 제주도에 5일간 여행한다면 그 비용으로 동남아시아의 많은 나라에서 1주일 이상을 살 수 있다. 여행 경비는 크게 항공료, 숙박비, 교통비, 잡비 등으로 나뉜다. 국내 여행은 국외 여행에 비교할 때 항공료만 덜 들고, 숙박비, 교통비, 잡비 등이 더 들 수 있다.

따라서 5일 이상 여행한다면 국외 여행이 국내 여행보다 가성비가 높을 수 있다. 여행 비수기인 겨울에는 성수기에 비교하여 항공료도 저렴하고, 현지 체류비도 훨씬 덜 들기에 추운 겨울엔 따뜻한 남쪽 나라에서 일정기간 살아 보는 것도 좋다. 고혈압이 있거나 관절염으로 겨울을 보내기가 어려운 사람은 적도 지방으로 가면 혈압과 관절염이 씻은 듯이 사라지는 경험을 가질 수도 있다. 겨울에는 혈관이 수축되어 혈압이 더 올라가고, 저기압에서는 관절염이 더 고통을 주는데 따뜻한 지역으로 가면 환경이 바뀌기에 몸이 새롭게 반응한다.

과거에 여행은 문화유적지를 찾아다니는 경우가 많았는데, 이제는 쉬면서 그 지역의 생활문화를 보고 느끼고 즐기는 경향으로 바뀌고 있다. 현지 음식이 맞지 않을 수도 있는데, 특정 향신료만 빼면 맛있게 먹을 수 있는 것이 많다. 체류 여행을 할 때에는 저렴한 주거를 마련하여 음식을 해 먹으면서 지낼 수 있다. 동남아시아는 전반적으로 물가가 싸고 특히 식료품이 싸기 때문에 한 달 살아 보기, 혹은 한 철 살아 보기에 도전해 봄직하다.

걷기 여행을 좋아하는 사람은 '산티아고' 걷기를 권하고 싶다. 한 달 이상 동안 800킬로미터를 오롯이 걸으면서 인생을 생각해 볼 수 있다. 오고 가는 비행기 요금만 목돈이 들어가고 매일 생활비는 거의 들지 않는다. 각 지역마다 있는 알베르게를 이용하면 하루 숙박비는 1만 원(대개 7~8천 원)도 들지 않고, 매일 저녁 1만 5,000원 내외로 순례자 메뉴로 만찬을 즐길 수 있다. 아침과 점심은 빵과 커피, 간단한 간식으로 해결하면 하루 3만 원 내외로 여행을 즐길 수 있다. 시작에서

끝까지 한 달 이상 동안 교통비가 전혀 들지 않기에 매우 경제적인 비용으로 스페인을 여행할 수 있고, 다양한 음식을 맛볼 수 있으며, 주변 관광도 할 수 있다. 순례를 마치고 포르투갈, 프랑스 등 주변 나라도 여행하면 금상첨화가 될 것이다.

활기찬 노년생활

7.

인간관계를 맺을
권리가 있다

7

인간관계를 맺을 권리가 있다

노인이 겪는 문제를 빈곤, 질병, 무위, 고독 등 4고(四苦)라 한다. 늙으면 소득이 줄어서 가난하고, 병들며, 할 일이 줄고, 외롭게 산다는 뜻이다. 노후에 행복하게 살려면 소득은 줄고 몸은 병들어도 주변 사람들과 좋은 관계를 지속할 권리가 있다.

그런데 세월이 지나면 그런 권리를 누리기가 쉽지 않다. 본인의 뜻과 달리 친밀하게 지냈던 가족, 친구, 이웃이 세상을 뜨고, 새로운 사람들과는 관계를 트기가 어렵다. 같이 사는 부부도 한날에 죽음을 맞이하기는 어렵다. 대체로 여성은 남성보다 평균수명이 6년 정도 길고, 아내가 남편보다 두세 살 젊은 경우가 많아 10년가량 혼자 살 가능성이 높다. 20년 이상 결혼생활을 하다 이혼하는 '황혼이혼'도 늘어나 혼자 사는 노인은 늘고 있다.

모든 노인이 좋은 인간관계를 맺기 위해 배우자, 자녀 등 가족과의 관계를 보다 돈독하게 해야 한다. 가족관계는 익숙한 관계이기에 소홀히 하는 경우가 있는데, 작은 마음의 상처가 세월이 가면서 더 커질 수 있다. 작은 말실수나 서운함이 잊혀지지 않고 새롭게 기억되는 경우가 많다. 확대 가족이 모이는 설이나 추석 그리고 제삿날에 해묵은 갈등이 불쑥 튀어나오기도 한다. 마음의 상처가 있었다면 용서하고 화해하는 계기를 만들어야 한다.

전통 가족은 '엄한 아버지와 자애로운 어머니(嚴父慈母)'를 이상형으로 생각했다. 우리나라 가족구조는 직계가족이었지만, 가족기능은 어머니가 가족관계 중심에 서는 문화가 공존하였다. 부부관계가 원만하지 못하거나 일찍 이혼·사별한 경우에는 모자관계를 중심으로 유대감이 형성되기에 자녀 결혼 후 새로운 가족관계의 형성이 숙제이다.

자녀가 결혼하고 분가하면 마음으로는 한 가족이지만 물리적으로 떨어져 살고, 시간이 지날수록 별도로 살림살이를 하기에 가족관계를 새롭게 꾸린다. 부모가 손자녀를 키우는 경

우에는 인간관계가 지속될 계기가 있지만, 그렇지 않으면 눈에서 멀어지면 마음에서 멀어지는 경향이 있다.

시간이 지나면 익숙한 것과 결별할 수밖에 없는데, 익숙한 사람 혹은 익숙한 물건과의 결별은 서운함을 동반하기 쉽다. '회자정리(會者定離)'라고 만남에는 헤어짐이 있지만, 외로움을 채우고자 하는 마음까지 버리기는 어렵다. 1인가구가 늘어나면서 개나 고양이와 가족처럼 사는 사람이 늘어나는 것은 이 때문이다.

한편, 가장 가까운 관계에 있는 가족으로부터 학대받고 상처를 받는 경우도 적지 않다. 노인보호전문기관에 신고되는 노인학대의 사례가 점차 늘어나고 있다. 치매 등으로 자신의 의사를 온전히 표현하기 어려운 경우도 늘어나기에 '성년후견인 제도'에 대한 이해도 필요하다.

좋은 인간관계가
삶을 풍요롭게 한다

한때 "쪼금만 기다려 봐, 다 똑같아."라는 말이 유행하였다. 사람을 비하하는 표현이 있지만, 어감을 살리기 위해 그대로 표기함을 이해해 주기 바란다.

"마흔 살만 돼 봐, 배운 년이나 못 배운 년이나 똑같아."
"쉰 살만 돼 봐, 예쁜 년이나 안 예쁜 년이나 똑같아."
"예순 살만 돼 봐, 자식 잘 둔 년이나 못 둔 년이나 똑같아."
"일흔 살만 돼 봐, 서방 있는 년이나 없는 년이나 똑같아."
"여든 살만 돼 봐, 돈 있는 년이나 돈 없는 년이나 똑같아."
"아흔 살만 돼 봐, 산에 누운 년이나 집에 누운 년이나 똑같아."

이 말은 여성에게만 해당되는 것은 아니다. '년'이라는 낱말을 '놈'으로 바꾸면 모든 사람에게 적용될 수 있다. 대체로 여성의 평균수명이 남성보다 길기에 노후 대책은 여성에게 더 필요할 것이라는 점에서 그대로 인용했다.

유행어를 보면, 우리나라 성인(여성)은 학력, 외모, 자녀의 출세, 배우자, 돈, 그리고 건강 등으로 차별을 받는다는 것을 알 수 있다. 학력과 외모는 개인의 속성이고, 자녀의 출세와 배우자는 가족의 속성이며, 돈과 건강은 당사자가 끝까지 붙잡고 있어야 할 요소로 간주되었다.

농담 속에 진담이 있다면 청소년기에는 '공부가 인생의 전부인 양' 여겼지만, 마흔 살만 되어도 '배운 년이나 못 배운 년이나 똑같다'는 것이다. 많이 배우고 성적이 좋으면 좋은 직장에 들어가서 꿈을 펼칠 수 있을 것으로 기대했지만, 결혼해서 아이들 키우고 세상에 부대끼며 살다 보면 같아진다는 것이다. 40대쯤 되면 어린 시절에 그렇게 중요하게 생각했던 학력이나 성적은 직장인, 아내 혹은 어머니로 사는 데 큰 차이가 없어진다.

생물학적으로 노화는 20대부터 시작되지만, 늙어 가는 모습이 눈에 띄게 나타나는 것은 50대이다. 이마와 눈가에 주름이 생기고, 얼굴에 검버섯이 생기기도 한다. 성형수술을 하거나 점을 빼면 세월의 흔적을 다소 줄일 수는 있지만, 목주름까지 제거하기는 쉽지 않다. '쉰 살이 되면 예쁜 년이나 안 예쁜 년이나 똑같아'진다는 것이다. 이것은 비단 여성에게

만 해당되는 것이 아니라, 남자도 갱년기가 되면 노화가 뚜렷하게 나타난다. 몸에 좋다는 음식이나 약을 남자에게 팔 때에는 '정력에 좋다'고 하고, 여자에게 팔 때에는 '미용에 좋다'고 하는 것은 모든 사람이 외모와 힘에 관심이 있기 때문이다.

"예순 살만 돼 봐, 자식 잘 둔 년이나 못 둔 년이나 똑같아."와 "일흔 살만 돼 봐, 서방 있는 년이나 없는 년이나 똑같아."라는 말은 자녀와 배우자에 의해 자신의 삶도 좌우된다는 뜻이다. 현대인은 개성을 강조하지만, 사회적 인간이기에 자녀와 배우자와의 관계에 의해 삶의 질이 결정된다. 요즘은 자녀의 수가 많지 않기에 한두 명의 자녀라도 잘 키워야 한다. 자녀의 삶은 곧 부모의 성적표라는 인식이 적지 않다. 사회적 출세 여부를 떠나 자녀와 좋은 관계를 형성하는 것이 소중하다.

"일흔 살만 돼 봐, 서방 있는 년이나 없는 년이나 똑같아."라는 말은 노후의 삶이 배우자의 유무에 따라 큰 차이가 있다는 뜻이다. 늙으면 집에 있는 시간이 늘기에 배우자와 함께 사는지 안 사는지에 따라 삶의 질이 달라진다. 부부가 함께 사는 사람도 혼자 있을 때의 끼니와 둘이 있을 때의 끼니가 달라진다. 두 사람이 있으면 반찬이라도 하나 더 챙기고 따

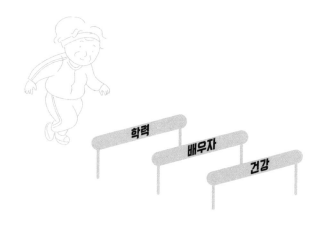

뜻한 국물이라도 챙긴다. 나이가 들수록 가까이에 사람이 있을 때 삶의 질이 좋아진다.

늙을수록 돈이 필요하다는 뜻은 "여든 살만 돼 봐, 돈 있는 년이나 돈 없는 년이나 똑같아."라는 말에서 나타난다. 늙어도 돈은 절실하게 필요하다는 뜻이 담겨 있다. 소중했던 돈도 여든 살이 되면 쓰고 싶어도 쓸 수 없다는 뜻도 담겼다. 자식이 없고, 배우자가 없어도 살지만, 돈은 있어야 산다는 뜻이다. 늙을수록 돈이 있어야 자존을 유지할 수 있기 때문이다.

나이가 들면 모두가 똑같다는 유행어에서 가장 나중에 나오는 것이 "아흔 살만 돼 봐, 산에 누운 년이나 집에 누운 년이나 똑같아."라는 말이다. 노화가 심해지면, 집에서 사는 사람이나 무덤에 있는 사람이나 같다는 뜻이다. 건강하던 사람도 늙으면 병들고 작은 병이 큰 병이 된다. 그래서 '노인은 움직이는 종합병원'이다. 노인이 80대가 되면 건강이 심각하게 나빠지고, 90대가 되면 "밤새 안녕"이라는 말이 실감난다.

가족관계는
삶을 풍요롭게 한다

　1919년에 태어나 백 살인 분께 '인생을 사는 동안 가장 행복한 때'를 물었다. 답변은 "특별히 그런 것은 없어요. 고단한 시절도 있었지만 젊어서부터 농사를 지었으니, 농사짓는 사람이 씨 뿌리고 추수하며 생활하는 것, 그 자체가 행복한 삶이에요. 또 자식들이 잘 커서 나한테도 잘하니 이렇게 건강하게 사는 거예요. 감사할 따름입니다."라고 답변했다.

　사람마다 행복의 기준은 다르지만 생업에 종사하면서 삶의 즐거움을 느끼고, "자식들이 잘 커서 나한테도 잘하니"에 강조점이 찍힌 듯하다. 부모가 자녀를 낳고 키우지만, 세월이 지나면 자녀가 마치 계급장과 같다. 그래서 옛 어른들은 농사 중에서 상농사가 자식농사라 했다.

　또한 노인의 행복수준은 배우자와 함께 사느냐와 상관성이 높다. 한국보건사회연구원이 수행한 '노인실태조사'에 따르면, '현재 건강상태에 만족한다'는 응답 비율이 배우자가 있는 노인의 41.9%로, 배우자가 없는 노인의 28.6%보다 높았다. 이는 더 젊고 건강한 노인이 배우자가 있을 가능성이 있다는 점을 고려하더라도 함께 식사를 나눌 배우자가 있어야 건강관리에 더 신경을 쓴다고 볼 수 있다. '자녀에 대한 만족도'도 배우자가 있는 노인의 만족 비율이 81.8%로, 배우자가 없는 노인의 67.3%보다 높았다.

  노인이 되면 부부가 함께할 시간이 많은데, 함께하는 시간이 많아서 문제라는 의견도 있다. 하루에 집에서 몇 끼 식사를 하느냐에 따라, '일식씨, 이식군, 삼식이 새끼'라는 말이 있다. 식사를 준비하는 아내의 입장에서 하루 한 끼만 먹으면 '일식씨'가 되고, 두 끼를 먹으면 '이식군'이 되지만, 세 끼를 모두 챙겨야 하면 '삼식이 새끼'가 된다는 뜻이다. 따라서 늘어나는 시간에 어떻게 생활하고 이야기를 나누냐도 중요하다. 부부가 함께 취미생활을 하고, 나름대로 인간관계를 맺으면 여유를 가질 수 있지만, 한 사람이 다른 한 사람을 속박하면 고통이 따르기 쉽다. 노후에 늘어난 시간만큼 가족관계를 어떻게 풀 것인지가 점차 중요해지고 있다.

  과거 직계가족에서는 자녀가 결혼을 하면 그중 한 명이 부모와 살았는데, 지금은 분가가 일반적이기에 자녀와의 관계를 어떻게 설정할 것인지도 중요하다. 부모들은 '품 안의 자식'이라는 사실을 알지만, 자녀들이 좀 더 자주 연락하고 찾아 주길 기대하고, 자녀는 점차 소식이 뜸해지기 쉽다. 만나는 계기는 좀 줄더라도 한번 만날 때 즐거운 추억을 쌓기 위해 서로 노력하는 것이 삶의 지혜인 듯하다.

'나이가 들면 입은 닫고 지갑을 열어야' 대접을 받는다. 나이가 들수록 양기가 입으로 몰리고, 좀 더 경험이 많은 사람은 젊은 사람에게 하나라도 더 알려 주려 한다. 현실은 노인이 말을 줄일 때 더 대접을 받을 수 있다.

오죽하면, 따로 사는 손주를 자주 보고 싶으면…… 아들이 오면 "왔냐?라고만 말하고", 며느리가 오면 "고생했다며 기름값을 주고," 손주가 오면 "또 오라며 용돈을 두둑하게 줘라."라는 말이 있다. 모두 경험에서 나온 말이고 생활의 지혜이다. 옛 친구도 내가 먼저 지갑을 열 때 모이고, 지갑을 닫는 사람은 다음 모임에서 배제되기 쉽다.

친구관계는
품앗이로 이어진다

한 노인이 "나는 미운 사람이 한 사람도 없어요."라고 말해, 젊은이가 "달관하셨는지요?"라고 물었다고 한다. 답변은 "미운 놈들이 다 죽고 없어서……."라는 것이었다.

인간관계는 함께 경험을 나누면서 긴밀해진다. 한국인은 어린 시절에는 한 동네에서 살면서 추억을 만들고, 같은 학교를 다니며 학연을 맺고, 직장생활을 하면서 직연을 만든다. 은퇴한 후에는 직연은 점차 사라지고 가까이에 사는 사람들과 관계를 맺는다. 일생 동안 혈연은 이어지고, 종교 활동을 하는 경우에는 종교연도 중요하다.

젊은 시절에는 학연과 직연을 새롭게 형성할 수 있지만, 나이가 들면 이미 알고 있던 사람들은 점차 사라지고 새로운 사람을 사귀기는 쉽지 않다. 따라서 직장을 은퇴하면 학창 시절의 친구를 찾는 모임이 부쩍 늘고, 시간이 지나면 이마저도

시들해진다. 학창 시절의 친구는 추억을 함께 나누었지만, 교문을 나선 이후 수십 년간 다른 삶을 살았기에 공통분모를 지속적으로 찾기는 쉽지 않다.

최근 정년을 맞이한 선배로부터 이런 이야기를 들었다. "일 년에 한두 번 모이는 동창회에는 차이가 없어도, 정기적으로 밥을 먹는 모임은 끼리끼리 모인다."라고 했다. 친구들이 모이면 밥값이나 술값을 참석자들이 분담하는데, 부담능력이 비슷한 사람들끼리 모이는 경향이 있다는 것이다. 보다 구체적으로 공무원, 군인, 교직원으로 은퇴한 사람, 국민연금을 받는 사람, 기초연금만으로 사는 사람으로 부류가 나뉜다는

것이다. 이는 노후에 친구관계는 추억으로 맺어진 관계만으로 충분하지 않고, 경제적 부담능력이 비슷한 사람들끼리 더 모이는 경향이 있다는 것이다.

따라서 친구관계가 지속되려면 품앗이를 열심히 해야 한다. 받는 것이 있으면 적당한 시기에 되갚아야 한다. 주머니는 풀고 입을 닫아야 인간관계가 지속될 수 있다. 대접 받기보다는 대접을 해야 관계를 유지할 수 있고, 작은 인간관계라도 소중히 여겨야 관계가 지속될 수 있다.

반려동물과 함께 산다

　시민 5가구 중 1가구는 반려동물과 함께 산다. 서울특별시가 조사한 바에 따르면, 반려동물과 사는 가구는 20.0%이다. 반려동물을 키우는 가구의 84.9%는 개이고, 고양이와 함께 사는 가구도 12.2%이었다.

　반려동물을 키우는 것은 최근 1인·2인가구의 증가와 밀접히 관련된다. 청년 세대는 학업과 취업으로, 중년은 맞벌이나 이혼·별거로, 노인은 분가나 사별로 홀로 사는 경우가 적지 않다. 비혼과 수명이 늘어나면서 오랫동안 혼자 사는 사람이 많기에 '외로움을 달래기 위해' 반려동물을 키우는 경우가 늘었다. 사람이 동물을 '키운다'에서 '함께 산다'로 바뀌고 있다.

　반려동물을 키우는 이유는 연령대로 차이가 있는데, 30대 미만은 '또 하나의 가족을 원해서'나 '외로움을 달래기 위해서', 40대 이상은 '또 다른 즐거움을 위해서' 키운다는 답변이 많았다. 반려동물을 키우고 함께 사는 이유는 애정을 쏟고 동물로부터 반응을 받으면서 정서적으로 교감하기 때문이다. 특히 함께 사는 가족이 없는 1인가구는 반려동물을 가족처럼 여기고 사는 경우가 많다. 마치 부모가 자녀를 키울 때 자녀의 생활양식에 맞추어서 살듯이 함께 사는 개나 고양이가 좋아하는 음식을 만들고, 산책을 하며, 목욕을 시킨다. 반려동물을 키우는 것은 아이를 한 명 키우는 셈 쳐야 하는데, 외롭게 사는 노인에게 반려동물은 자녀보다 더 많은 기쁨을 주는 경우가 많다.

반려동물의 체온은 사람보다 1~2도 정도 높아 안으면 따뜻하고 포근한 털이 있어 접촉하는 것만으로도 정서적 안정을 준다. 미국 캘리포니아 주립대학병원에서 심장병 환자를 조사한 결과, 치료 도우미견과 함께한 그룹이 그렇지 않은 그룹에 비해 불안감, 스트레스, 맥박, 혈압 등에서 현저한 개선 효과를 나타낸 것으로 조사됐다.

친밀한 관계에서 학대가 일어난다

　가정폭력의 하나인 '노인학대'가 늘어난다는 안타까운 소식이다. 「노인복지법」상 노인학대는 "노인에 대하여 신체적·정신적·정서적·성적 폭력 및 경제적 착취 또는 가혹행위를 하거나 유기 또는 방임을 하는 것"을 말한다. 대표적인 노인학대 유형은 폭언과 폭행, 감금 또는 거주지 출입 통제, 신체 강제 억압 및 협박 또는 위협, 약물을 사용한 신체 통제·저해, 성폭력 또는 성적 수치심을 주는 표현이나 행동, 소득·재산·임금을 가로채거나 임의 사용, 거동이 불편한 노인에게 의식주 관련 보호 미제공 등이다.

　「노인복지법」 제39조의9(금지행위): 누구든지 65세 이상의 사람(노인)에 대하여 다음 각 호의 어느 하나에 해당하는 행위를 하여서는 아니 된다.

1. 노인의 신체에 폭행을 가하거나 상해를 입히는 행위

2. 노인에게 성적 수치심을 주는 성폭행·성희롱 등의 행위

3. 자신의 보호·감독을 받는 노인을 유기하거나 의식주를
   포함한 기본적 보호 및 치료를 소홀히 하는 방임행위

4. 노인에게 구걸을 하게 하거나 노인을 이용하여 구걸하
   는 행위

5. 노인을 위하여 증여 또는 급여된 금품을 그 목적 외의
   용도에 사용하는 행위

6. 폭언, 협박, 위협 등으로 노인의 정신건강에 해를 끼치
   는 정서적 학대행위

보건복지부의 '전국 노인학대 실태조사'에 따르면, 전체 노인의 13.8%가 학대를 경험했고, 「노인복지법」상 금지행위에 해당하는 신체적·경제적·성적 학대, 유기, 방임을 경험한 노인도 5.1%로 나타났다. 이들이 경험한 학대는 정서적 학대가 67%로 가장 많고, 다음은 방임 22%, 경제적 학대 4.3%, 신체적 학대 3.6%, 유기 3% 등의 순이었다. 노인학대 경험자는 배우자가 없는 여성이 연령이 높고 교육과 소득 수준이 낮으며 건강상태가 나쁠수록 학대를 많이 경험한 것으

로 나타났다.

　하지만 노인학대 피해자들은 학대 피해를 단순 가정사로 여기거나 가해자인 가족을 보호하기 위해 신고를 꺼리는 경향이 있다. 노인학대실태조사에 따르면 학대 경험이 있다는 응답은 전체의 9.9%였으나 신고율은 1.9%에 불과했다. 노인학대 보호전문기관에 신고된 것은 실제 학대 건수의 극히 일부이고 숨은 노인학대가 훨씬 많다는 것을 알 수 있다.

　중앙노인보호전문기관의 통계에 따르면, 노인학대 발생 건수는 해마다 증가하고 있다. 노인학대로 판정된 건수도 2012년

3,424건에서 2018년 5,188건으로 늘었다. 신고된 노인학대의 약 85%가 가정에서 발생한다. 학대 가해자는 아들이 39.8%로 가장 많았고 이어 배우자 12.4%, 딸 11.6% 등 주로 친족이었다.

학대받는 노인은 평소 인간관계가 소원하여 만성적으로 방임상태에 있는 경우가 많았다. 신고가 접수된 학대 피해 노인은 노인보호전문기관에서 상담을 받고 법률·의료·주거 지원을 받을 수 있으므로 도움이 필요하면 신고하기 바란다. 특히 자녀와 함께 살면서 학대를 받으면 '쉼터'에서 일시보호를 받을 수 있고, 분가를 원하면 토지주택공사에서 전세자금 등을 낮은 이자로 대출받을 수도 있으며, 공공임대주택에 우선 입주할 수도 있다. 노인학대 자체를 줄여야 하겠지만, 학대 피해자에 대한 보호대책을 적극 활용하는 방안을 강구해야 한다.

모든 사람은
자기결정권이 있다

 고령화와 함께 치매 유병률이 높아지고 있다. 전체 노인의 약 8%가 치매에 걸리는데 나이가 들수록 치매 유병률은 높아진다. 치매에 걸리면 일상생활을 하기 어렵고, 재산관리나 질병관리도 어렵게 된다. 노인이 치매에 걸려도 당사자의 의사를 존중하고 대리할 사람이 필요하다.

 이에 정부는 모든 사람의 자기결정권을 존중할 수 있도록 2013년 7월부터 '성년후견인 제도'를 도입했다. 이 제도는 정신적인 제약이 있는 사람에 대해 법원이 의사결정을 대신할 법적인 후견인을 지정하는 것이다. 예전 금치산자나 한정치산자 제도를 대체한 것이다. 성년후견 개시 심판을 받게 되면 가족관계등록부가 아닌 후견등기부에 따로 등재되고 재산관리와 신상보호에 중점을 두게 된다. 단, 당사자의 의사를 최대한 존중한다는 것이 종전의 금치산자와 한정치산자 제도와는 다른 점이다.

성년후견인 제도가 도입된 것은 금치산자와 한정치산자 제도가 지나치게 개인의 인권을 침해한다는 유엔의 권고도 있었지만, 판단능력이 떨어지는 사람일망정 개인의 존엄은 지켜져야 한다는 여론이 높았기 때문이었다. 금치산자나 한정치산자 제도가 재산관리에만 집중했다면, 성년후견인 제도는 후견인이 본인을 대신해 재산을 관리하고 치료와 요양을 받을 수 있도록 돕게 하는 것이다. 중증 정신질환자뿐 아니라 건강이 좋지 않아 의사결정 능력이 떨어지는 노인과 장애인 등의 권익을 폭넓게 보호하기 위해 이 제도가 도입되었다.

일반적으로 가정법원에 성년후견 심판을 청구할 수 있는 사람은 본인과 배우자, 4촌 이내 친족, 미성년후견(감독)인, 한정후견(감독)인, 특정후견(감독)인, 임의후견(감독)인이나 검사, 지방자치단체의 장으로 제한된다.

후견인은 꼭 가족일 필요는 없다. 사회복지사, 변호사, 법무사, 세무사 등 전문가나 평소 알고 지내던 지인도 될 수 있다. 대개 신청 후 정신감정 등을 하기에 6개월 이상의 기간이 걸린 후에 지정된다.

8.

존 엄 하 게 죽 을 권 리 가 있 다

8
존엄하게 죽을 권리가 있다

한국인의 평균수명은 세계에서 가장 빠르게 늘고 있다. 2015년에 경제협력개발기구(OECD)가 발표한 회원국의 2013년 평균수명을 보면, 한국은 81.8세로 83.4세인 일본보다는 조금 짧지만 OECD 평균 80.5세보다 길다. 독일이 80.9세, 미국이 74.6세인 것에 비교하여 한국은 장수국가이다. 한국인의 평균수명이 1980년에 65.7세이었는데 33년간 16세가 늘어나 지구상에서 가장 빠르게 수명이 늘어났다.

평균수명은 지금 태어난 아동이 언제까지 살 수 있는지를 측정하는 것인데, 젊어서 죽는 사람도 있기에 '특정 나이에 있는 사람이 앞으로 몇 년을 더 살 수 있는가?'를 나타내는

'기대여명'으로 보면 노인의 수명은 더 늘어날 수 있다. 평균 수명이 81.8세라도 70세의 기대여명은 13년이고, 80세의 기대여명은 5세로 현재 노인은 평균수명보다 더 오래 살 가능성이 높다.

수명이 점진적으로 늘어나더라도 언젠가 죽음에 이르게 된다. 누구든지 존엄하게 죽을 권리를 누릴 수 있어야 한다. 자신의 삶을 회고하고 기록하기, 치료하기 어려운 질병에 걸렸거나 죽음에 가까워졌을 때 연명치료를 거부할 권리, 가족과 가까운 사람들의 곁에서 죽음을 맞이하기 등은 의미 있는 일이다.

삶의 흔적을 기록한다

모든 노인은 흔적을 남길 권리가 있다. 오랫동안 많은 기록은 당사자보다는 제자들에 의해 남겨졌다. 그래서 불경은 '여시아문(如是我聞)'으로 시작된다. '나는 이렇게 들었다.'라는 뜻인데, 부처님 사후에 제자들이 석가모니에게 들은 내용과 다른 사람들이 들은 내용을 체계화하여 '불경'을 만들었기 때문이다. 이는 『논어』가 "자왈(子曰)"로 시작하는 것과 같다. 공자가 말한 것을 제자들이 받아쓰기를 하였고, 후세에 그것을 정리한 것이 『논어』였다.

현재는 누구든지 자신의 삶과 생각을 쓸 수 있고 출판할 수 있다. 집집마다 컴퓨터가 있고 사람마다 핸드폰을 가지고 있기에 원하면 누구든지 자신의 이야기를 쓰고, 글과 사진 등을 모아서 자서전을 쓸 수도 있다. 자신이 소중하게 생각하는 것을 정리하

여 글쓰기를 해 보자. 가문의 내력이나 살아 온 이야기 등은 쓰지 않으면 그 사람의 죽음과 함께 사라질 수 있다.

삶의 흔적을 기록하기 위해 글쓰기를 시작하더라도 지속적으로 하기는 쉽지 않다. 인터넷에 블로그를 만들거나, 페이스북과 같은 사회적 관계망 서비스(SNS)를 활용하는 것도 한 방법이다. 특정 주제를 정해 생각날 때마다 혹은 주기적으로 글쓰기를 하고, 일정한 시점에 그동안 쓴 것을 정리하는 방식이 매우 효과적이다. 자신이 쓴 글을 혼자 보는 것보다는 가족이나 회원이 함께 보면서 공유하고 '답글'을 통해 지지받으면 탄력을 받을 수 있다.

삶과 생각을 기록하고 이를 후대에 알리기 위해 다산 정약용이 활용한 '다신계'는 좋은 선례이다. 다산은 제자들이 다신계를 맺어 학습활동을 하면서 다산과 제자들이 쓴 책을 출판하고 보급하도록 하였다. 다신계의 계원은 가문에서 가장 우수한 인재가 계승하고 추가로 받지 않았는데, 지금도 다산과 제자들이 쓴 책을 보급하고 있다.

12명의 제자가 중심이 되어 신앙공동체를 만들고 그들이 보고 들은 내용을 정리하여 '성경'으로 발전시킨 예수 그리스도의 사례도 역사적으로 의미 있다. 역사적 사실이 있기

에 기록하지만 시간이 지나면 기록이 역사를 결정한다. 위·촉·오 삼국을 통일시킨 사람은 촉나라 조조였지만, 『삼국지』는 위나라 유비·관우·장비를 중심으로 쓰였다. 후세 사람들은 『삼국지』를 통해 역사를 알게 된다.

어떻게
임종을 맞이할 것인가

　대한민국은 2017년 8월 4일부터 「호스피스·완화의료 및 임종과정에 있는 환자의 연명의료결정에 관한 법률」(이하 「연명의료결정법」)의 세부내용을 규정한 시행령·시행규칙 제정안을 시행했다. 그동안 말기암 환자에게만 호스피스가 시범적으로 활용되었지만, 이제 말기암 외에 회생 가능성이 희박한 만성간경화, 후천성면역결핍증(AIDS), 만성폐쇄성호흡기질환(COPD) 환자도 호스피스 서비스를 이용할 수 있다.

　호스피스라는 다소 낯선 낱말은 무의미한 연명의료를 중단하고 임종까지 통증 완화를 위한 최소한의 의료행위만 제공하는 것을 의미한다. 「연명의료결정법」상 호스피스(Hospice)는 의료행위이지만 그 뿌리는 봉사활동이었다. 호스피스는 죽음도 삶의 자연스러운 과정 중 하나라는 것을 인식시키고 환자의 고통 완화를 돕는 활동이다.

　질병을 '치료의 관점'에서 바라보는 경향이 있다. 조선시대

말에 서양의학이 도입된 이후 모든 질병을 치료할 수 있고, 환자는 질병을 치료하기 위해 병·의원에 통원하거나 입원해야 한다는 생각을 가졌다. 그런데 어떤 질병은 극복하기 어렵고, 모든 죽음은 삶과 연결되어 있기에 자연스러운 현상이다. 현대의학으로도 치료하기 어려운 질병을 가진 환자가 '연명치료'에 매달리는 것은 큰 고통과 슬픔을 주기에 연명치료를 하지 않고 존엄한 죽음을 맞이하자는 운동이 일고 있다.

말기암 환자처럼 죽음이 임박한 사람이 고통스러운 치료를 계속 받기보다는 통증을 완화하면서 죽음을 맞이할 수 있도록 하자는 활동이 광범위하게 이루어졌다. 오랫동안 호스피스 혹은 완화의료는 '봉사활동'으로 인식되고 '의료활동'으로 간주되지 않았지만, 최근 변화의 바람이 일고 있다.

호스피스는 환자가 가족이 원한다고 해서 누구나 이용할 수 있는 상황은 아니다. 「연명의료결정법」에 근거하여 정부가 정한 기준에 맞는 환자만 병원이 제공하는 호스피스를 이용할 수 있다. 정부는 「연명의료결정법」 제정 직후인 2016년 4월부터 정부, 의료계, 법조·윤리계, 종교계 등으로 구성된 후속조치 민관 추진단과 호스피스, 연명의료 분과위원회 등을 운영하고 공청회 등을 거쳐 의견수렴 결과를 반영한 후 하위 법령을 마련했다.

이에 따라 말기 환자 진단 기준, 법률 시행에 따른 관리기관의 구성 및 운영규정, 연명의료계획, 호스피스 신청 등이 정해져 있다. 말기 환자는 담당의사와 해당 분야 전문의 1명이 진단한다. 그 기준은 임상적 증상, 다른 질병 또는 질환의 존재 여부, 약물 투여 또는 시술 등에 따른 개선 정도, 종전의 진료 경과, 다른 진료 방법의 가능 여부 등을 종합적으로 고려하게 된다. 쉽게 말해서, 해당 질병을 치료할 수 있다는 약물 투여나 시술로는 더 이상 치료할 수 없다는 진단이 내려진 환자만 호스피스를 이용할 수 있다.

호스피스 · 완화의료를 관리할 중앙호스피스센터는 국립암센터에 있다. 중앙호스피스센터는 암 환자들을 상대로 호스피스 사업을 운영해 온 경험을 살려 인력 교육 · 훈련, 호스피스 연구, 사업계획 수립, 홍보 등 정책을 주도하게 된다. 호스피스를 이용하길 희망하는 사람은 중앙호스피스센터에서 관련 의료기관을 검색하여 활용할 수 있다.

존엄한 죽음에 대해 생각한다

죽음을 앞둔 사람은 연명치료를 받기보다는 적정한 시점에 존엄한 죽음(웰다잉)을 맞이할 수도 있다. 영국인 연구팀이 암 환자의 임종을 연구한 바에 따르면, 마지막 일주일을 집에서 보낸 사람의 평온한 정도가 병원에서 사망한 사람보다 69% 높은 것으로 나타났다. 집에서 사망할 때 가족들의 슬픔도 적었다고 한다. 가정에서 죽음을 맞이하려면 통증관리 등을 위한 방문진료, 가정간호, 호스피스 등이 주어져야 한다. 의사·간호사와 사회복지사·성직자·자원봉사자 등이 집을 방문해서 품위 있는 임종을 지원해야 한다.

「연명의료결정법」에 따라 본인이나 가족이 환자의 연명의료 중단을 할 수 있다. 연명의료는 임종과정에 있는 환자에 대한 심폐소생술, 인공호흡기 착용, 혈액투석, 항암제 투여 등을 말한다. 환자가 '사전연명의료의향서' 등을 등록하면 본인의 의사에 따라 연명치료를 받지 않고 '존엄한 죽음'을 맞이할 수 있다. 본인이 사전연명의료의향서를 등록하지 못하면 주치의에게 연명의료를 하지 않겠다는 의사를 표시할 수 있고, 본인이 뜻을 밝히기 어려운 경우에는 가족이 동의할 수 있다.

죽음을 앞둔 환자가 가정이나 병원이 아닌 곳에서 편안하게 임종할 수 있도록 여건을 조성해야 한다. 환자가 퇴원 후 48시간 내에 숨지면 담당의사를 거치지 않고도 병사(病死)진단서가 나오지만, 이후에는 의사가 검시해야 하는 '검시제도'도 바꾸어야 한다. 질병 상태로 보아 병사가 확실한 경우에는 바로 장례식장을 이용하도록 해야 한다. 이미 죽은 사람의 사망진단서를 끊기 위해 병원 응급실로 가는 모순을 끊어야 한다.

고독사,
남의 일이 아니다

　'고독사'에 대한 정의는 명확하지 않지만, 언론은 죽은 후 오랫동안 시신이 방치되었다가 발견된 사건을 말한다. 행정기관은 고독사를 예방하기 위해 1인가구를 조사하고 독거노인의 안부를 살피고 있다. 이러한 대책에도 불구하고 고독사는 더욱 늘어날 것이다.

　생활양식이 바뀌어 '고독한 삶'이 확산되기에 고독사는 피할 수 없다. 반세기 전까지 우리는 농촌·농업·농민이 중심인 사회에서 살았다. 인구 대부분이 농촌에서 가족 및 친인척과 관계를 맺으면서 생활했다. 오늘날 대다수 인구가 도시에서 상공업에 종사하고 임금노동자로 산다. 점차 친인척과 이웃의 관계보다는 직장 혹은 직업을 중심으로 한 관계가 강조된다. 혈연과 지연으로 이뤄졌던 인간관계가 학연과 직연으로 바뀌었다. 혈연과 지연은 비교적 오래가지만 직연은 직장·직업에서 떠나면 점차 소원해진다. 경조사에 찾는 손님이 현직

일 때와 퇴직 후에 차이가 난다는 점이 이를 보여 준다.

따라서 고독사를 방지하려면 고독한 삶에 대한 대책을 세워야 한다. 인간관계의 중요한 연줄인 혈연, 지연, 학연, 직연 등은 생애주기별로 상당한 차이가 있다. 어린 시절에는 혈연이 중심이고, 청소년기에는 학연이 쌓이며, 청·장년기에는 혼인으로 인한 새로운 관계와 직연이 강조되지만, 노년기에는 혈연과 이웃관계가 중요해진다.

과거에는 농사를 품앗이로 했기에 마을공동체가 유지되었지만, 현대 도시사회에서 지역공동체를 기대하기는 어렵다. 더 편리하고 큰 집을 찾아 이사하면서 이웃관계를 키우기 어렵다. 함께 살았던 가족의 경우에도 자녀는 학업과 직업 때문에 따로 살고, 부부는 맞벌이를 하느라 주말부부로 사는 경우가 많다. 나이가 들어도 비혼이거나, 결혼을 하더라도 이혼·사별로 부부관계가 해체되기 쉽다. 고독사를 줄이려면 생애주기별로 인간관계를 만들고 키우는 방법을 찾아야 한다. 고독사는 가난하고 평소 가까이 지내는 사람이 없는 소외된 사람들로부터 일어나기 쉽다.

국민기초생활보장제도에서 부양의무자 기준을 폐지하거나 완화시켜 해당 가구가 어려우면 복지급여를 받을 수 있도록

해야 한다. 자녀가 없이 외롭게 사는 독거노인도 복지급여를 받아서 최저생활을 할 수 있으면 자살과 같은 극단적인 선택을 하지 않는다. 본인은 살길이 막연한데 자녀가 부양능력이 있다는 이유로 기초생활을 보장받지 못할 때 그 노인은 죽음으로 내몰린다. 이러한 죽음은 사회적 타살에 가깝다.

고독사는 경제적 빈곤과 함께 사회적 관계의 단절에서 비롯된다. 영구임대아파트단지에는 사회복지관이라도 있지만, 단독주택가, 원룸촌, 아파트단지에는 주민이 이용할 만한 복지시설이 별로 없다. 아파트단지에 주민이 자유롭게 소통할 수 있는 카페, 독서방 등 공유공간을 늘리고 온·오프라인 모임을 활성화시켜야 한다. 원룸이나 빌라촌과 같은 주택가에도 '소통이 있어서 행복한 주택'(소행주)과 같이 거주인들이 공유하는 공간을 늘린 공동주택을 지어서 이웃관계를 활성화시켜야 한다.

독거노인을 포함하여 다양한 연령층에서 1인가구는 늘어난다. 긴급복지지원이 필요한 사람을 조기에 발견할 수 있도록 전기요금, 임차료, 관리비 연체, 우편물 수취에 대한 모니터링을 모든 가구로 확대시킨다. 위기는 독거노인에 한정되지 않고, 알코올 중독인 중장년, 게임 중독인 청소년·청년, 우울증에 걸린 모든 사람으로부터 일어날 수 있다. 1인가구를 조사하여 해당 가구의 욕구와 문제에 맞는 복지급여를 체계적으로 제공해야 한다.

고독하게 사는 사람이 있는 한 고독사는 피할 수 없기에 장례와 사후 대책을 세워야 한다. 고독사를 발견하면 유족을 찾아 장례를 의논하고, 유족이 없거나 있더라도 유골 인수를 거부하면 일정기간 납골당에 안치하고 시간이 지나면 자연장을 선택한다. 고인의 죽음을 추념할 수 있는 유류품을 보관하고, 유족이 없는 경우에는 유산을 공적으로 활용하는 방안도 모색해야 한다.

혼자 살고 있는 사람은 정기적으로 안부를 살피는 사람을 두고 필요하면 시·군·구에 독거노인생활관리사의 파견을 요청하기 바란다. 가족과 떨어져 사는 경우에는 정기적으로 전화 소통을 하고, 위기상황에서 가장 먼저 본 사람이 우선 연락할 사람 이름과 전화번호를 머리맡에 붙여 두면 좋겠다.

장례를
어떻게 준비할 것인가

선조들은 '고종명(考終命)'을 오복의 하나로 쳤다. 깨끗하게 살다 죽는 것은 복이다. 장수를 누리고 질병 없이 죽거나, 병이 있더라도 연명치료를 받지 않고 죽음을 맞이하는 것도 큰 복이다. 고령 사회에서 '고종명'은 모든 사람의 소망이 될 것이다. 건강하게 오래 살 길 바라지만, 현실은 질병의 고통 속에서 생명을 이어가는 경우가 많다.

장례를 어떻게 할 것인가? 혼인식, 회갑연 등은 자신의 취향대로 결정할 수 있지만 장례는 당사자가 할 수 없다. 장례식을 어떻게 하면 좋을지, 매장과 화장 등 장례 양식에 대해서도 가족과 이야기를 나누어 두면 어느 정도 뜻이 반영될 수 있을 것이다. 최근 우리 사회는 매장에서 화장으로 바뀌고 있다. 전국의 모든 시·도에서 화장률이 절반 이상이고 서울 등

대도시에서는 70%를 넘어섰다. 매장을 하기에는 장례 절차가 번거롭고 장지도 마땅히 없다.

유족들은 장례식장과 화장장에서 불합리한 처우를 받는 경우가 많다. 짧은 시간에 장례 절차를 밟고 조문객을 받아야 한다는 점을 악용하여 장례식장 등이 폭리를 취하곤 한다. 장례용품을 가짜로 팔거나 가격이 구입단가 대비 지나치게 높다. 일부 대형병원 장례식장이 더 심한 것으로 알려졌다.

한 대학병원 장례식장에서 파는 수의는 삼베나 명주의 함량에 따라 10만 원대에서부터 수백만 원까지 천차만별이다. 100% 명주로 만든 수의는 65만 원에 팔리고 있지만 구매단가는 20만 원에 미치지 못했다. 고인에게 잘해 드리고 싶은 유족의 마음을 자극하여 턱없이 높은 가격을 부르면 받아들이는 경우가 많다. 한 장례업자는 유족이 구입할 때에는 "300만 원짜리 상품인데 50~60만 원짜리로 해서 덮어씌워도 눈으로 확인할 수 없다."라고 말했다.

보건복지부는 전국 장사시설과 장례 정보를 손쉽게 확인할 수 있는 'e하늘 장사정보시스템' 서비스를 모바일에서도 제공한다. 누구든지 회원가입 없이 홈페이지(http://m.ehaneul.go.kr)를 검색하면 전국 화장시설의 예약 상황과 장례용품 가격, 시설

이용료 등을 실시간으로 확인할 수 있다. 모바일의 위치정보를 이용해 반경 3km 이내 가까운 장례식장, 봉안시설, 자연장지, 묘지 등 장사시설 정보도 알려 준다. 원하는 시설을 선택하면 자세한 시설의 정보(전경·위치·연락처 등)를 제공하는 '주변 장사시설 찾기' 기능도 있으니 관심 있는 사람은 클릭하기 바란다.

복지부는 고인의 주민등록번호 없이 이름과 생년월일만으로 화장장 예약도 가능하도록 했다. 그동안 화장장을 예약하기 어려웠고, 일부 장례식장 등에서 화장장을 무더기로 예약했다가 갑작스럽게 화장이 필요한 유족에게 되파는 문제를 개선한 것이다.

화장시설이 전국에 있는데 고인의 주소지에 있는 화장시설을 이용하는 경우와 그렇지 않은 경우에 이용료의 차이가 터무니없이 크다. 고인은 집이나 근처 병원에서 돌아가시기도 하고, 자녀의 집이나 병원에서 사망하는 경우가 있다. 시설 이용 시간은 같은데 주민이 아니라는 이유로 최대 10배나 내야 하는 '징벌적인 이용료'를 개선해야 한다.

묘비명에
무엇을 남길 것인가

  대체로 장례식에는 묘지만 만들고 1년 혹은 이후에 비석을
세우기도 하며, 비석이나 상석을 세우지 않는 경우도 많다.
묘비를 세운다면 어떤 내용을 남길 것인가? 후손이 할 일이
라고 볼 수도 있지만, 다산(茶山) 정약용(丁若鏞) 같이 자신의
묘비명을 남기는 것도 한 방법이다. 자신의 삶을 가장 간결
하게 표현하는 묘비명을 생각하는 것은 삶에 대해 성찰하는
계기가 될 것이다.

  다산은 살아 있는 동안 스스로 묘지명을 지어서 생애를 직접
정리했다. 그 〈자찬묘지명〉에서 "이는 열수洌水 정용丁鏞의
묘지이다. 본명은 약용若鏞이고, 자는 미용美庸이며 또 다른
자는 송보頌甫이다. 호는 사암俟菴이고 당호堂號는 여유당
與猶堂인데 '주저하기를 겨울에 내를 건너듯 하고 조심하기
를 사방 이웃을 두려워하듯 한다'는 뜻을 취한 것이다."라고
했다.

또한 퇴계(退溪) 이황(李滉)은 스스로 묘갈명(墓碣銘)을 지어, "근심 가운데에 즐거움이 있고 즐거움 가운데에 근심이 있었네. 조화를 타고 일생을 마치니 다시 또 무엇을 구하리오?[憂中有樂, 樂中有憂. 乘化歸盡, 復何求兮?]"라고 하였다.

1925년 『인간과 초인(Man and Superman)』으로 노벨문학상을 수상한 아일랜드의 극작가 버나드 쇼(Bernard Shaw: 1856~1950)는 "우물쭈물하다가 내 이럴 줄 알았지(I knew if I stayed around long enough, something like this would happen)."라는 내용의 묘비명을 죽기 전에 스스로 지었다.

필자는 어떤 묘비명을 남길 것인가? "배워서 남 주는 사람, 세상을 바꾸는 사회복지사, 시민과 함께 꿈꾸는 복지공동체를 연 복지평론가 이용교"라고 기록되면 어떨까? 독자들도 '자찬 묘비명'을 써 보기 바란다.

활기찬 노년생활

참고문헌
참고사이트
찾아보기

참고
문헌

김희성, 이재법(2020). 모든 국민이 상식으로 알아야 할 국민기초생활보장

제도. 복지공동체.

보건복지부(2019). 2018 전국 노인학대 실태조사.

보건복지부(2019). 나에게 힘이 되는 복지서비스(복지가이드북).

서울사회복지공익법센터(2017). 장애와 권리.

이용교(2020). 알아야 챙기는 복지상식. 인간과복지.

이용교(2020) 국민연금상식. 드림미디어.

통계청(2019). 가계금융복지조사.

한국보건사회연구원(2017). 노인실태조사.

참고
사이트

복지로 http://www.bokjiro.go.kr

보건복지상담센터 http://www.129.go.kr

국민연금공단 https://www.nps.or.kr

 참고사이트

건강보험공단 https://www.nhis.or.kr

경제협력개발기구(OECD) http://www.oecd.org

고용노동부 http://www.moel.go.kr

교육부 https://www.moe.go.kr

국가평생교육진흥원 http://www.nile.or.kr

국립국어원 https://www.korean.go.kr

국립암센터 https://www.ncc.re.kr

국민건강보험공단 https://www.nhis.or.kr

국민연금공단 https://www.nps.or.kr

국토교통부 http://www.molit.go.kr

금융위원회 http://www.fsc.go.kr

문화체육관광부 https://www.mcst.go.kr

법제처 https://www.moleg.go.kr

보건복지부 http://www.mohw.go.kr

보건복지상담센터 http://www.129.go.kr

복지로 http://www.bokjiro.go.kr

사회복지공동모금회 https://chest.or.kr

서울사회복지공익법센터 http://swlc.welfare.seoul.kr

서울특별시 http://www.seoul.go.kr

세계보건기구(WHO) https://www.who.int

시민과 함께 꿈꾸는 복지공동체 http://cafe.daum.net/ewelfare

온라인경력개발센터-꿈날개 http://www.dream.go.kr

워크넷 http://www.work.go.kr

 참고사이트

중앙노인보호전문기관 http://noinboho.or.kr

중앙자살예방센터 http://www.spckorea.or.kr

통계청 http://kostat.go.kr

한국에너지공단 https://www.energy.or.kr

한국장학재단 http://www.kosaf.go.kr

한국토지주택공사 http://www.lh.or.kr

행정안전부 https://www.mois.go.kr

e하늘 장사정보시스템 http://m.ehaneul.go.kr

찾아보기

찾아보기

찾아보기

저자
소개

이용교(Lee Yong Gyo)

중앙대학교와 동 대학원에서 사회복지학을 전공하여 문학박사를 취득하였다. 한국복지정책연구소와 한국청소년정책연구원에서 연구위원으로 일하였으며, 현재 광주대학교 사회복지학부 교수로 재직하면서, 한국복지교육원을 운영하고 있고, 복지평론가로도 활동하고 있다.

한국청소년복지학회 회장, 국제사회복지학회 회장, 글로벌청소년학회 회장, 한국지역사회학회 회장, 광주광역시사회복지사협회 회장을 역임하였고, 한국사회복지교육협의회 이사, 한국사회복지역사학회 부회장을 맡고 있다.

주요 저서로는 『한국청소년복지의 현실과 대안』(은평천사원출판부, 1993), 『한국청소년정책론』(인간과 복지,1995), 『재미있는 자원봉사 길라잡이』(서울미디어, 1996), 『청소년 인권 보고서』(인간과 복지,1997), 『복지는 생활이다』(인간과 복지, 2001), 『디지털 청소년복지』(인간과 복지, 2004), 『디지털 복지시대』(인간과 복지, 2004), 『한국사회복지론』(한국학술정보, 2012), 『산티아고 가족여행』(인간과 복지, 2012), 『디지털 사회복지 개론』(인간과 복지, 2017), 『알아야 챙기는 복지상식』(인간과 복지, 2020) 등 50여 권이 있다.

ewelfare@hanmail.net
http://cafe.daum.net/ewelfare

활기찬 인생을 위한 노년생활 백과사전

활기찬
노년생활

The Active Life of the Aged

2020년 6월 25일 1판 1쇄 인쇄
2020년 6월 30일 1판 1쇄 발행

지은이 • 이용교
펴낸이 • 김진환
펴낸곳 • (주)**학지사**
  04031 서울특별시 마포구 양화로 15길 20 마인드월드빌딩
대표전화 • 02)330-5114 팩스 • 02)324-2345
등록번호 • 제313-2006-000265호

홈페이지 • http://www.hakjisa.co.kr
페이스북 • https://www.facebook.com/hakjisabook

ISBN 978-89-997-2123-6 03180

정가 15,000원

이 도서의 국립중앙도서관 출판시도서목록(CIP)은 서지정보유통지
원시스템 홈페이지(http://seoji.nl.go.kr)와 국가자료공동목록시스템
(http://www.nl.go.kr/kolisnet)에서 이용하실 수 있습니다.
(CIP 제어번호: CIP2020024777)

출판 · 교육 · 미디어기업 **학지사**

간호보건의학출판 **학지사메디컬** www.hakjisamd.co.kr
심리검사연구소 **인싸이트** www.inpsyt.co.kr
학술논문서비스 **뉴논문** www.newnonmun.com
원격교육연수원 **카운피아** www.counpia.com

이 연구는 2020년도 광주대학교 대학 연구비의 지원을 받아 수행되었음.